www.tredition.de

AF185456

M.N. AWARO

Die Zartheit einer träumenden Seele

M.N. AWARO

Für T. & J. – Unendliche Liebe

Das Leid brachte die stärksten Seelen hervor.

Die allerstärksten Charaktere sind mit Narben übersät...

(Khalil Gibran)

www.tredition.de

© 2018 M.N. AWARO

Verlag & Druck: tredition GmbH, Hamburg

ISBN
Paperback: 978-3-7469-0962-2
Hardcover: 978-3-7469-0963-9
e-Book: 978-3-7469-0964-6

www.centric-art.com

Lieben Dank an Frau Ariane Wunderle.
Die Künstlerin hat es vollbracht, Phantasie in Materie
umzuwandeln.

..... dies ist die Brosche, welche mir meine Großmutter
in einer meiner Trancereisen überreichte.....

Als Kind missbraucht... und dann?

„Weil wir unsere Stimme erheben..."

Denn es ist das Mindeste, was wir tun können...

Dieses Buch schrieb ich in erster Linie zur eigenen Aufarbeitung.

Wir haben Gehör verdient, denn wir waren verurteilt, verbannt, verflucht, und vieles mehr...

Dieses Buch schrieb ich zudem zur Ermutigung all jener, die glauben, es nicht alleine zu schaffen.

Niemand ist allein!

„Guten Morgen, ich heiße N.

Am 2. November kam ich an diesen Ort, gemeinsam mit meinen „dunklen Schatten": Posttraumatische Belastungsstörung, Depression, Borderline.

Unmittelbar nach meiner Ankunft fiel mir ein Zitat von Rudolf Frieling in die Hände:" Jeder Mensch kann zu jeder Zeit innen neu anfangen"!

Ich war bereit loszulassen – Jetzt!

Und auch wenn ich zunächst den Wald vor lauter Bäumen nicht sah, ließ ich mich in jeder Therapie fallen...

Nun besitze ich einen Baum in Afrika, durchquerte das Outback Australiens, jagte als Indianer in Amerika, schwebte als Kirschblütenblatt durch Asien und vieles mehr...

Nachdem es oberhalb der Erde keine Kontinente mehr zu bereisen gab, führte mich mein Delfin nach Atlantis...

Ich holte mir einen Stern aus dem Universum und stürzte in die Tiefe eines Wasserfalles – hinein in die Quelle meines Lebens...

Von außen in das Innere und von innen wieder hinaus.

Das ist der Weg, den der Mensch vom Körper durch die Seele zum Geist macht.

Jetzt weiß ich endlich, dass ich schon immer eine starke Frau war, die glücklich und frei in sich geborgen sein darf!

Ich danke allen, die mich auf diesem Weg begleitet haben."

Dies war meine Abschlussrede, die ich am 24. Dezember 2015, 6 Tage vor meiner Entlassung aus der Klinik, gehalten habe.

Meine Geschichte hat kein Ende.

Aber sie erzählt vom Anfang eines Weges, den ich innerhalb von 59 Tagen fand.

Auf diesem Weg befinde ich mich nun.

Und wenn Sie möchten, dann begleiten Sie mich ein wenig...

1. Klinikaufenthalt

02.11.2015 - 30.12.2015

Nun bin ich also verzweifelt genug!

Nicht nur meinetwegen!

Der Schmerz meiner Familie gegenüber hat seinen traurigen Höhepunkt erreicht.

Schlimmer als die Tatsache, dass ich meine Seelenqual an meinem Körper auslasse ist die Erkenntnis, dass ich den Menschen, die mich am meisten lieben und die mir am meisten bedeuten, noch mehr leiden als ich.

Sie dürfen nicht mehr länger in meiner Schattenwelt leben –

Ich muss aus ihr heraus.

Ich will ein Teil dieser Welt sein.

Dafür bin ich bereit, noch ein wenig mehr zu leiden, meine dunkelsten Erinnerungen preiszugeben, meinen Therapeuten erlauben werde, mich zu führen...

59 Tage lang...

Meine Reise beginnt...

Mit schmerzhaften Erinnerungen...

Welche Hoffnung trägt man in sich, wenn mehr als die Hälfte der Lebenszeit schon verstrichen ist?

Ein Zitat, welches ich einmal las lautet:" Die Hoffnung ist meine Schwäche, weil ich glaube, dass ich sie nicht verdient habe".

Ist es so einfach zu erklären?

Ich habe es nicht verdient, von meiner Seelenqual erlöst zu werden?

Ich bin zu schwach darum zu kämpfen, erlöst zu werden?

Ist es als feige zu bezeichnen, dass ich nie bereit war, mich meinen Dämonen zu stellen?

Vielleicht.

Aber einmal bewies ich Mut.

Auch wenn ich hierfür einen 2. Anlauf benötigte.

Auch wenn ich hierfür fast 50 Jahre alt werden musste.

Ich nahm all meinen Mut zusammen und ließ mich stationär in eine Klinik einweisen.

Eine Klinik für Psychiatrie, tiefenpsychologische Psychotherapie, Hypnotherapie.

Ich hatte Hoffnung.

Diese Hoffnung war meine Stärke...

Klinikaufenthalt :

Formulare, Ablaufpläne, ärztliche Untersuchungen.

Der Tagesablauf ist klar strukturiert.

Die ersten Bedenken, kaum dass ich angekommen bin.

Mein Bezugstherapeut.

Ein Mann.

Ich will keinen Mann als Therapeuten.

Entgegen meinem Impuls im Schwestern-zimmer darauf hinzuweisen, dass ich nicht mit einem Mann zusammenarbeiten möchte, nicht zusammenarbeiten kann, entschließe ich mich abzuwarten.

Eine Chance, ein Gespräch.

Vielleicht hat dies alles ja sowieso keinen Sinn?

Noch erschließt sich mir in keiner Weise der Ansatz meiner Behandlung.

Also lasse ich alles auf mich zukommen; be-ginne mit den ersten Therapien noch bevor ich ein erstes Einzelgespräch habe.

Morgens um 6:50. Die Atemtherapie. 50 Min. lang. Ein scheinbar endloser Text über Bäume, den Körper, das Atmen...

Danach Frühstück. Endlich Visite. Die erste Terminvergabe zum ersten Gespräch mit meinem Bezugstherapeuten.

Im Laufe meines Ablaufplanes werden noch autogenes Training, Gruppenhyp-nose, Muskelentspannung nach Jacobson,

Ausdruckstherapie, Musiktherapie, Gestaltungstherapie, Trance-Training folgen. Dazwischen Vorträge zur Einführung in die Therapien. Als Ausgleich die Möglichkeit zum Sport, 3x/Woche.

Mein Therapeut.

Ein Mann.

Ich spüre, dass es funktionieren kann.

Mit ihm.

Ich bin gefasst; er wird nicht mit mir arbeiten können, wenn ich nicht ehrlich bin.

Also erzähle ich und er hört mir zu.

Ich schäme mich nicht, aber ich bin traurig. Ich bin traurig, weil ich nicht weiß, ob ich seine Hilfe werde annehmen können.

Ob ich letztlich vielleicht nur seine Zeit vergeuden werde.

Ob er sich ein Urteil über mich bilden wird, dass ich mir nicht vorstellen möchte.

Ich bin traurig, weil ich nicht weiß, ob er mir sagt, dass mir nicht geholfen werden kann.

Und dann möchte er, dass ich sie aufschreibe.

Meine Geschichte.

Sie wird der Grundstein unserer Zusammenarbeit werden.

Also schreibe ich sie...

Nicht in dieser Welt......

Es war einmal vor langer Zeit, da lebte ein kleines Mädchen mit seiner Mama und seinem Papa und zwei noch kleineren Brüderchen in einem kleinen Häuschen am Waldrand.

Neben dem Häuschen wuchs eine Brombeerhecke, die war so groß, dass man in sie hineinkrabbeln konnte. Sogar der Papa hatte genügend Platz darin.

Eines Tages fragte der Papa das kleine Mädchen, ob es ihm helfen wolle Brombeeren zu pflücken.

So bekam es ein Eimerchen und begann sich eifrig ans Werk.

In der Brombeerhecke war es kühl und schattig, entfernt spielten die Brüderchen; sehen konnte man sie nicht, denn die Hecke war gewaltig und dicht bewachsen.

Der Papa hörte plötzlich auf zu pflücken und rief das kleine Mädchen zu sich.

Er saß in der Hocke, denn für ihn war die Heckenhöhle zum Stehen zu niedrig.

Das kleine Mädchen war gehorsam und folgte der Aufforderung.

Der Papa nahm die freie Hand des kleinen Mädchens und fragte: „Hast du schon mal gesehen, wie ich die Mama küsse?"

Das kleine Mädchen erstarrte.

Es hatte es schon gesehen, aber es sagte kein Wort.

„Ich möchte, dass du mich auch so küsst", sprach der Papa weiter.

Sanft zog er das kleine Mädchen noch etwas näher zu sich heran.

Das ist nicht richtig und das will ich auch nicht, dachte das kleine Mädchen, aber es traute sich nicht, nach der Mama zu rufen.

Da hatte es plötzlich eine Idee.

„Lass mich noch den Eimer abstellen", sprach es und für einen Moment ließ der Papa ihr Händchen los.

Das kleine Mädchen drehte sich um, tat so als wolle es ihr Eimerchen abstellen und rannte, so schnell es konnte aus der Hecke...

Es war einmal ein kleines Mädchen, das lebte mit seiner Mama und seinem Papa und zwei noch kleineren Brüderchen in einem kleinen Häuschen am Waldrand.

Im oberen Teil des Häuschens gab es zwei Schlafzimmer: ein kleines, da lagen Mama und Papa. Und dahinter ein großes, dort schliefen das kleine Mädchen und seine beiden noch kleineren Brüderchen.

Das Bett des kleinen Mädchens war ganz am Ende des Raumes und es ging immer artig schlafen.

Eines Nachts wurde das kleine Mädchen wach. Zuerst wusste es nicht warum.

Irgendetwas war anders als sonst.

Da war etwas neben seinem Bettchen.

Und da war etwas auf seinem Beinchen.

Das Nachthemdchen war ganz verrutscht und jetzt war auch etwas zwischen den Beinchen.

Das kleine Mädchen dachte, es würde vielleicht träumen, doch dann erkannte es im Schatten den Papa, der neben dem Bettchen kniete und ganz doll atmete, als würde er keine Luft bekommen.

Und das war auch Papas Hand zwischen den Beinchen – die rieb und drückte immer fester und tat dem kleinen Mädchen weh.

Das kleine Mädchen versuchte sich wegzudrehen und begann zu weinen.

Endlich stand der Papa auf und ging.

Das kleine Mädchen ging auch.

Es lebte nicht mehr in dieser Welt.

Es war einmal ein kleines Mädchen, das lebte nicht mehr in dieser Welt.

Es gab auch keine Mama und keinen Papa mehr.

Das, was vorher die Mama war, wurde zum Tag-Monster.

Das, war vorher der Papa war, wurde zum Nacht-Monster.

So vergingen die Jahre in dieser Welt, in der das kleine Mädchen nicht mehr lebte...

Nach vielen Jahren in dieser Welt verschwand das Nacht-Monster.

Ein kleiner Teil des kleinen Mädchens, das nicht mehr in dieser Welt lebte, kehrte zurück.

Es erinnerte sich an seine beiden noch kleineren Brüderchen und hoffte, sie alle vor dem Tag-Monster schützen zu können.

Doch noch war das Tag-Monster zu stark und die Angst davor, dass das Nacht-Monster zurückkehren könnte zu groß und das kleine Mädchen war immer noch zu klein...

Eines Tages jedoch bemerkte das kleine Mädchen, das zu einem Teil wieder in die Welt zurückgekehrt war, dass das Tag-Monster schwächer wurde und es selbst ein wenig größer und stärker.

Eines Tages, eines Tages vielleicht, kann ich ganz in diese Welt zurückkehren, dachte das kleine Mädchen, das nun größer und größer wurde...

Ich kehrte nie völlig zurück; die folgenden 45 Jahre nicht.

Die Menschen, die meine Eltern hätten sein sollen starben.

Meine Erinnerungen und mein Schmerz blieben.

Die Menschen, die meine Familie wurden blieben.

Meine Erinnerungen und mein Schmerz starben jedoch nicht.

Nichts anderes ist momentan wichtiger, als mich auf die Therapien einzulassen.

Mein Therapeut macht mir Mut.

Er möchte u.a. Einzelhypnosen mit mir machen, er ist geradeheraus.

Wir sind beide froh darüber, dass ich keine Medikamente benötige.

Unsere erste Zusammenarbeit besteht darin, „positive Suggestionen" für mich zu erarbeiten...

Dazu soll ich aufschreiben, wie ich mein Leben sehe, wie ich mich sehe.

Und im Gegenzug, wie ich mich gerne sehen würde...

Möchte ich mich so sehen?

Es erscheint mir lächerlich.

Wie ich mich sehe, in der Schattenwelt, in der realen Welt.

Oder ist es umgekehrt?

Selbsthass	Selbstfindung
Gedemütigt	Befreit
Abgelehnt	Geborgen

Verstoßen	Geliebt
Lebensmüde	Lebensbejahend
Verzweiflung	Unbekümmertheit
Hoffnungslosigkeit	Optimismus

Hieraus entstanden meine „Suggestionen".

Diese wurden mir –während der Gruppen-hypnose- ins Ohr geflüstert...

ICH BIN EINE STARKE FRAU!

ICH BIN GLÜCKLICH UND FREI!

ICH FÜHLE MICH IN MIR GEBORGEN!

Bei meinem 2. Klinikaufenthalt habe ich sie beibehalten.

Sie begleiten mich nach wie vor...

Die Tage vergehen...

Langsam, ganz langsam keimt ein Hauch der Zuversicht in mir.

Das Konzept der Klinik wird mir allmählich bewusst. Ganz intensiv lausche ich den Texten der Therapien. Sie beruhigen mich und es fällt mir nicht schwer, Außengeräusche „auszuknipsen".

Bilder entstehen, meine Neugier ist geweckt. Mir ist klar, dass dies erst ein ganz kleiner Anfang ist.

Aber es ist ein Anfang.

Die Therapeuten werden mir etwas vertrauter.

Die Atem- und die Muskelentspannungstherapie wird von Tonbändern abgespielt.

Bei der Gruppenhypnose, dem autogenen Training und dem Trance-Training wird der Text direkt gesprochen.

Und dann, bei meinem ersten Trance-Training, erscheinen mir so viele Bilder, dass ich das Bedürfnis habe, sie in Worte zu fassen.

Festzuhalten, was ich gesehen habe, was sich für mich abgespielt hat.

Meine Fantasie beflügelt mich.

Ohne darüber nachzudenken, ergab es sich, dass ich die erste und später auch alle folgenden Trance-Geschichten in Gedichtform verfasste.

Sie wurden von mir so niedergeschrieben, wie sie sich für mich abspielten, wie ich sie gesehen habe...

„Der Baum" – Gruppentrance, 07.11.2015

In deiner Vorstellung, in deinem Traum

kannst du ihn erschaffen, deinen Lebens-baum.

Beschreibe, was du siehst und erkennst

Es ist nicht wichtig, ob du es beim Namen nennst.

Ich steige hinab in ein Wurzelwerk

Und fühle mich klein, fast wie ein Zwerg.

Es ist gewaltig, wie Hallen – riesengroß

Ich fühle mich geborgen, wie in Mutters Schoß.

Dies alles sollen Wurzeln sein?

So sauber, vollkommen und auch so rein.

Und hell in der Tiefe ist es hier auch

Mit viel frischer Luft, die ich zum Atmen brauch.

Eine wohlige Wärme strömt von den Wurzeln aus.

Ich spüre, dies hier ist mein Zuhause.

Zumindest ein Teil davon – hab noch nicht alles gesehen

Ich laufe weiter – was wird noch geschehen?

Nein, laufen wäre zu banal, ich tanze, das erscheint mir an diesem Ort ideal.

Immer tiefer in mein Wurzelwerk...

Meine Hallen aus Holz sind wie ein riesiger Kreis. Ob noch jemand von diesem Ort hier weiß?

Nun geht es allmählich etwas steiler hinauf.

Ein Weg nach draußen, noch ein kleines Stück rauf...

Aus einer Spalte krabbele ich aus dem Baum und erwache in meinem nächsten Traum.

Ein riesiges Blätterdach, man sieht den Himmel kaum.

Dies ist er also – mein Lebensbaum!

Erhaben, majestätisch, das hätte ich nicht gedacht, dass solch eine Schönheit über meine Wurzeln wacht!

Und dann sehe ich, es sind der Stämme drei.

Meine Erkundungsreise ist noch nicht vorbei...

Was glaubst du wohl, kannst du ihnen Namen geben?

Diesen Stämmen, diesem Baum,

er ist dein Leben!

Und dann weiß ich, wie die Stämme, dieser Baum für mich heißt:

Schlicht und einfach ist es,

KÖRPER, SEELE und GEIST!

Es ist wie ein Geschenk!

Woher auch immer meine Bilder gekommen sein mögen, sie sind schön, spürbar bedeutungsvoll.

Da war nichts, was mich negativ nachdenklich stimmte oder mir sogar Angst machte.

Im Gegensatz zu Bildern meiner Mitpatienten, die zum Teil verständnislos bis beunruhigt sind, befand ich mich wie in einem wunderschönen Traum...

Kaum kann ich es erwarten, mit meinem Therapeuten darüber zu sprechen.

Besitze ich eine besondere Gabe, oder mache ich mir nur etwas vor?

Auf jeden Fall bewegt sich etwas in mir.

Dieses Gefühl ist echt!

Doch meine Bedenken, meine Ängste sitzen tief.

Dieses Gefühl ist ebenfalls echt.

Ich traue mir selbst nicht.

„Man muss aushalten können"!

Diesen Satz werde ich noch öfter von meinem Therapeuten hören.

Was ich zunächst für einen merkwürdigen Leitsatz gegenüber einem psychisch kranken Menschen hielt (hatte ich wahrlich nicht schon genug ausgehalten?), wurde mir im Laufe der Zeit zu einem regelrechten „Kampfspruch".

Dachte ich tatsächlich, dass es irgendwann vorbei wäre?

Dass es irgendwann nicht mehr nötig sei aushalten zu müssen?

Natürlich dachte ich das!

Weil ich sträflich gezwungen worden war auszuhalten. Ein schmerzhaftes, grausames Aushalten. Ein verzweifeltes, schamhaftes Aushalten. Eine ohnmächtige Wut, diese Bürde ertragen zu müssen.

Der Tod wollte mich nie, demnach sollte ich leben. Und das Leben besteht darin, auszuhalten.

Es ist unmöglich, Menschen oder Geschehnisse um einen herum nach seinen Wünschen zu formen.

Wenn man es nüchtern betrachtet, ist es tatsächlich so, dass wir die wenigsten Dinge in unserem Leben vollkommen eigenständig und frei entscheiden.

Die Kunst, in diesem Leben integriert zu sein, besteht darin, sich selbst auszuhalten.

Eine Erkenntnis, doch wie bringt sie mich weiter?

Mein Selbstwertgefühl, wenn ich denn eines habe, nehme ich kaum wahr. Meine Erinnerungen, meine schrecklichen Erinnerungen sollen bitte verschwinden...

Eine Einzelsitzung.

Mein Therapeut möchte mit mir eine „Reise" unternehmen.

Ich konzentriere mich auf meine Atmung und lasse mich fallen...

Wie sieht ein Ort für mich aus, an dem ich mich sicher und geborgen fühlen kann?

Eine Landschaft entsteht.

Eine geschützte, eine geheime Landschaft - wie verzaubert.

Niemand kennt diesen Ort.

Er liegt im Verborgenen.

Inmitten eines Paradieses.

Dieser Ort ist das Paradies.

Und dort liegt ein Seerosenteich.

Umgeben von Felsen.

Mit einem Wasserfall.

Hier ist es rein.

Dies ist mein Ort.

Ich will in das Wasser.

Es ist rein und klar.

Die Seerosenblüten sind rein und klar.

Sie sind rosafarben.

Langsam tauche ich in das klare Wasser.

Es umspielt mich, streichelt mich.

Ich möchte tiefer sinken...

Wohltuende Gelassenheit, Wärme,

ich atme. Dass ich unter Wasser atmen kann erstaunt mich nicht.

Nur Ruhe und Geborgenheit...

Die Wurzeln der Seerosen – sie umspielen meinen Körper.

Ganz langsam gleite ich wieder an die Oberfläche.

Die Seerosen!

Sie duften...

Dies ist mein sicherer Ort!

Mein Seerosenteich!

In der 2. Woche nach meiner Ankunft darf ich das erste Mal zur Musiktherapie...

Die Einführung in diese Therapie war in der ersten Woche nach meiner Ankunft.

Ein Raum mit Matratzen.

Der begleitende Therapeut erläutert uns den Ablauf.

An dieser Stelle werde ich nicht alles wiederholen, dies kann nach Wunsch separat nachgelesen werden.

Nur so viel: es ist eine Methode nach Stanislav Grof und wird durch „holotropes

Atmen" in Kombination mit Musik angeleitet.

Erste Anzeichen, dass sich „etwas" bewegt, können kribbelige Gliedmaßen, Schwindel, Kopfschmerzen sein...

Im Laufe dieser Therapie stellte ich zudem punktuelle Schmerzen (beispielsweise der Augen, der Beine etc.) fest.

Ferner beschleunigten Herzschlag, Weinkrämpfe...

Durch konzentrierte Atmung ist es mir immer gelungen, mich „aufzufangen".

Anhand der Skizzen und Zeichnungen, die ich unmittelbar nach Beendigung der Musiktherapie aufmalte, sind meine Geschichten entstanden...

Musiktherapie, 12.11.2015

Ich atme. Ich bin vollständig konzentriert auf meine Atmung.

Wärme. Weite. Ein mir unbekanntes Land.

Sanft wiegen verdorrte Gräser im Wind.

Tief atme ich den Geruch der Erde ein.

Mein Blick wandert verträumt über die Landschaft.

In der Ferne sehe ich die Umrisse einer Felsformation.

Und dann sehe ich ihn!

Wie aus dem Nichts steht er plötzlich da.

Ich erkenne ihn als ein Aborigine. Demnach befinde ich mich also in Australien, schießt es mir unweigerlich durch den Kopf.

Ganz still steht er da, ein Bein schräg angewinkelt auf dem anderen, in Kniehöhe abgestützt, ein langer Speer senkrecht neben ihm, in der rechten Hand haltend.

Fasziniert starre ich in seine Richtung, suche seinen Blick, doch die Entfernung ist zu groß, als dass ich seine Augen erkennen könnte...

Unvermittelt hebt er seinen linken Arm und deutet mir an, ihm zu folgen.

Er dreht sich um und geht. Ich zögere nicht. Ich folge ihm und wir erreichen ein Dorf.

Ich werde zur größten Hütte, die sich zentral in der Mitte dieser kleinen Ansammlung befindet geführt. Ehrfürchtig und erwartungsvoll trete ich ein.

Sind etwa alle hier, denke ich, denn draußen hatte ich niemanden gesehen. Dicht nebeneinandersitzend werde ich den vielen Stammesangehörigen gewahr. Sie bilden einen Kreis, der Form der Hütte entsprechend. Es ist dunkel, so dass ich nur schemenhaft die Körperumrisse erkenne. Der Sand unter meinen Füßen ist kalt, fast feucht.

Ein leiser Singsang, ein Gemurmel dringt an mein Ohr. Eine sehr wichtige Zeremonie soll stattfinden.

Ich weiß es.

Ich spüre es.

Es geht um mich.

Irgendetwas wird geschehen. Mir wird nichts passieren.

Ich bin bereit...

In der Mitte dieser augenscheinlich primitiven Unterkunft wurde eine Art Bahre errichtet. Ein Lager, aus Holz gefertigt, mit Fellen ausgelegt. Automatisch schreite ich auf diese Stätte zu und lege mich nieder.

Eine Stimme übertönt alle anderen (oder ist es die einzige Stimme?). Es ist eine Art Wehklagen und ich weiß, es ist meine Mutter. Sie sitzt direkt neben dem Eingang Ich hatte sie beim Eintreten nicht gesehen, aber ich weiß ganz genau, sie ist es!

Ich wundere mich nicht....

Nicht darüber, dass ich in Australien bin. Nicht darüber, dass ich in einer Aborigine

Hütte liege. Nicht darüber, dass meine Mutter, die vor über 20 Jahren starb, hier bei mir ist.

Es ist einfach so wie es ist.

Traurigkeit ummantelt mich, weil sie um mich weint.

Sie steht nun neben mir.

Langsam erstirbt ihr Schluchzen und sie bewegt sich von meinem Kopfende zu meinen Füßen hin.

Plötzliche Stille. Ein Rascheln. Ein Schatten.

Eine Gestalt taucht auf, neben meiner linken Körperseite. Sie ist groß, sie ist dunkel, sie trägt eine Maske.

Sie hält ein langes Messer in der Hand.

Ich erkenne die Gestalt.

Es ist mein Stiefvater.

Ich habe keine Angst...

Er beugt sich über mich und führt die Klinge zum ersten Schnitt. Ein langer, tiefer Schnitt, zunächst entlang meines Armes. Die Haut klafft leicht auseinander, aber es blutet nicht. Auch verspüre ich keinen Schmerz.

Es folgen Schnitte um Schnitte, bis mein Körper davon übersät ist.

Dann tritt er zurück.

Langsam erhebe ich meinen Oberkörper und setze mich an das untere Ende der Bahre, dort, wo meine Mutter steht. Sie hat ein Behältnis in den Händen, eine Art Kessel, rund, handgefertigt, alt. Sie kommt mir so nah, dass meine Füße sie fast berühren.

Ich bin bereit...

Meiner Aufgabe bewusst, greife ich in die erste Wunde und beginne, mir meine Haut abzustreifen.

Es geht ganz leicht. Es fühlt sich an, als würde eine weiche Feder über mich gleiten. Meinen abgezogenen Hautfetzen lege ich sorgsam in den Kessel, den mir meine Mutter entgegenstreckt. So arbeite ich mich

Hautstreifen um Hautstreifen immer weiter und bemerke ein Leuchten, das aus meiner Körpermitte heraus strahlt.

Das Leuchten wird immer stärker, je mehr ich mich meiner „alten" Haut entsage...

Nachdem ich vollständig „enthäutet" bin, spüre ich einen gewaltigen Ruck in meiner Körpermitte.

Anschließend beginnt es in meinem Bauch zu kribbeln, ein spiralförmiges Kitzeln, das immer größere Kreise zieht.

Quellengleich sprudelnd spüre ich unerschöpfliche, ungeahnte Energie meinen Körper durchströmen...

Ein aufkommender Windhauch lässt mich aufblicken.

Das, was ich als Stammesangehörige vermutet hatte, waren gar keine Menschen.

Sie lösen sich vor meinen Augen auf, wie ein Nebelschwarm, der durch eine Luftbewegung davongetragen wird.

Sie hatten eine entfernt menschenähnliche Gestalt.

Ich weiß, wer sie waren, sie waren meine „düsteren Begleiter".

Sie standen zeitlebens für meine Wut und meinen Hass und meinen Schmerz.

Nun verschwinden sie vor meinen Augen, als hätte es sie nie gegeben...

...während ich da sitze...

...mit meiner leuchtenden Quelle...

... aus der ich neu entstehe...

Es war echt.

Alles, was ich gesehen, gespürt, erlebt habe, war echt. Mein Mund ist vollkommen ausgetrocknet. Mein Körper zittert, während ich skizziere. Eine Erkenntnis, wie ich sie mir nie vorstellen wollte.

Ich habe freigegeben.

Ich habe vergeben.

Ich habe mich befreit.

Zumindest habe ich begonnen, mich zu befreien. Zu lange lebte ich mit den mir auferlegten Fesseln, als dass ich behaupten könnte, urplötzlich eine neue Seele erhalten zu haben. Wie oft hatte ich mir vorgestellt, mich rächen zu können. Wie oft hatte ich mir vorgestellt, Henker zu sein, in dem Glauben damit Seelenfrieden zu finden.

Und während ich meinen skizzierten Bildern Worte einhauche, stelle ich fest, dass nur dieser Weg mich mit mir versöhnen wird.

Freigeben durch vergeben.

In mir wurde etwas aufgebrochen.

Mein zerbrochenes Ich beginnt sich neu zusammenzusetzen.

Zulassen loszulassen – Die Trümmer meiner Seele komplett wegräumen. Das Fundament für mein neues Ich entstehen lassen.

Am nächsten Tag berichte ich meinem Therapeuten von meiner Erkenntnis. Wissendes Nicken.

Unbehaglich fühle ich mich beim Erzählen meiner erlebten Geschichte. Habe ich alles falsch gedeutet? Daran möchte ich nicht glauben, denn ich nehme mich anders wahr – Positiver, anders als je zuvor.

Sehr angespannt erwarte ich die Meinung meines Therapeuten.

Er stimmt mir zu – mir fällt ein Stein vom Herzen.

Loslassen, zulassen.

Jeden Tag, jede einzelne Therapie.

Ein Leitspruch aus einer meiner Therapien treibt mich voran:

Alles was kommt ist richtig, alles was kommt ist wichtig.

Ja, alles soll (auf mich zu-) kommen...

ZWEIFEL!!!

Das kann nicht die Lösung sein!

Mein Verstand sagt NEIN!

Mein Herz sagt NEIN!

Meine Seele sagt NEIN!

Wie ist das möglich?

So einfach?

Darf ich das glauben?

Ich „höre" in mich hinein.

Meine Seele sagt JA!

Mein Herz sagt JA!

Mein Verstand sagt JA!

Es ist möglich!

Einfach so!

Ich darf glauben!

Es kann die Lösung sein.

Erst 2 Wochen befinde ich mich hier in der Klinik und habe das Gefühl, mein gesamtes Leben falsch gelebt zu haben.

Am liebsten würde ich von vorne beginnen können, doch dies ist nicht möglich.

Halte ich durch?

Halte ich weiter aus?

Zunächst dachte ich, dass die Therapien meine größte Herausforderung werden würden.

Indes glaube ich nun eher, dass es die zwischenmenschlichen Beziehungen sind, denen ich speziell hier in der Klinik ausgesetzt bin. Mit sozialen Kontakten hatte ich schon immer Probleme. Nähe zuzulassen erschien mir unangebracht. Schließlich musste ich mein „Geheimnis" wahren, oder besser gesagt meine Geheimnisse…

Wenn mein Schmerz zu groß wurde, so dass ich dachte vollkommen darin zu verschmelzen, dann griff ich zu entsprechenden „Maßnahmen":

Schneiden – tiefer schneiden – noch tiefer schneiden.

Ich habe nicht nur das Gefühl, mein Leben falsch gelebt zu haben. Ich habe auch das Gefühl, in meinem gesamten Leben immer ausgegrenzt gewesen zu sein.

Wie hätte ich aber auch Nähe zulassen können? Mit all meinen Geheimnissen. Irgendwie musste ich mich doch schützen! Der einzige Schutz, der sich mir bot, war ich. Einigeln. Für niemanden sichtbar sitze ich in meinem Zimmer und weine.

So habe ich es „gelernt".

Lasse dich ja nicht beim Weinen erwischen, denn wer weint wird bestraft – mit Schlägen. Damit man einen Grund zum Weinen hat. Und erwarte ja keinen Trost, denn du bist schließlich selbst schuld!

Kann das alles hier wirklich ein Ende finden? Darf ich weiter hoffen?

Eine Mitpatientin möchte mir eine Freude
machen. Sie hat „Engelskarten", von denen
ich blind eine ziehen soll. Aus reiner Gefäl-
ligkeit komme ich dem nach.

Ohne weitere Gedanken...

Und ich werde aufs Neue überrascht...

ENGEL DES VIOLETTEN STRAHLS

„Die siebte, purpurviolette Strahlung lenkt
das begonnene Wassermannzeitalter. Es ist
der Strahl der Mystiker, Hohepriester/in-
nen, Schamanen und aller Menschen, die
spirituelles Bewusstsein entwickeln.

Das violette Licht der äußeren Strahlung
dient der Erweiterung des Bewusstseins,
der Entwicklung und der Rückverbindung.

Unter Führung der Archaii der Wandlung
dienen die Engel der Heerscharen dieser
Strahlung der inneren Entwicklung, der
Meditation der Erlösung und der Verge-
bung.

Es ist der Strahl der kosmischen Gesetzmäßigkeiten. Die Aufgaben seiner Engel sind die Verbreitung des violetten Lichtes, das Überwachen der kosmischen Gesetze, die Führung des Menschen in eine neue Zeit, die Umwandlung, Transformation alter Muster. Ihr Licht hilft, sich der neuen Dimension des erweiterten Bewusstseins zu öffnen. Die Botschaft der Engel lautet:

Begib dich ins Licht der Wandlung und der erweiterten Wahrnehmung. Ungeahnte

Fähigkeiten werden dort in dir erwachen." (gekürzt aus „Die lichte Kraft der Engel", Jeanne Ruland)

Ich weine. Ich war alles Mögliche – aber bestimmt nicht spirituell. Zufall, diese Engelskarte gezogen zu haben? Natürlich kann ich nicht sagen, ob eine andere Karte ebenfalls treffend gewesen wäre. (Dazu hätte ich alle Karten durchlesen müssen...) aber diese Karte hatte ich gezogen und diese Karte berührte mich.

Es passiert so viel, ich bin zwischendurch immer wieder durcheinander, habe manchmal Angst, dass das alles mir nicht wirklich widerfährt, dann wiederum glaube ich schlichtweg.

Woran auch immer.

Wie weit es noch gehen würde sollte ich später erfahren...

Es wurde immer „seltsamer", denn am nächsten Tag durfte ich wieder eine Karte ziehen. Bei einem Vertretungstherapeuten.

Jeder Therapeut arbeitet anders. Hier zog man regelmäßig Karten, über die man sich dann Gedanken machen sollte.

Die Karte, die ich an diesem Tag zog:

„Ich befreie mich von altem Ballast"

Es ist, als hätte ich eine Anleitung erhalten, die ich nur richtig lesen muss. Ein Puzzleteil fügt sich ins nächste...

Und dann findet für mich die erste Einzelhypnose statt...

Einzelhypnose, 20.11.2015

THERAPEUT:

Stellen Sie sich eine Treppe vor. Eine Treppe mit 10 Stufen.

ICH:

Ich sehe sie. Eine graue Betontreppe mit Zahlen.

THERAPEUT:

Gehen Sie nun die Stufen hinab. Stufe um Stufe.

ICH:

Ich gehe die Stufen hinunter...

10, 9, 8, 7, 6, 5, 4, 3, 2, 1...

Ich blicke zurück. Dunkelheit. Die Stufen verschwinden in der Dunkelheit. Mir wird kalt. Ich habe Angst.

THERAPEUT:

Nicht zurückblicken. Stellen Sie sich eine schöne Wiese vor. Vielleicht mit Blumen.

ICH:

Ich sehe sie. Sie ist schön. Die Blumen duften. Die Sonne scheint. Sie wärmt.

THERAPEUT:

Nun stellen Sie sich einen Spiegel vor. Wie sieht Ihr Spiegel aus?

ICH:

Er ist schlicht. Ich kann mich komplett darin sehen.

THERAPEUT:

Wie sehen Sie aus?

ICH:

Ich sehe so aus, wie ich heute aussehe

THERAPEUT:

Beschreiben Sie den Rahmen Ihres Spiegels. Wie sieht er aus?

ICH:

Er hat einen schmalen Rahmen, filigran gemustert.

THERAPEUT:

Nun stellen Sie sich vor, wie Sie in Ihrem Spiegel. Immer kleiner werden. Immer kleiner. Bis Sie sich in sich aufnehmen können...

ICH:

Ich schrumpfe. Ich werde immer kleiner...

THERAPEUT: Wie nehmen Sie sich auf?

ICH:

Durch die Haut. Durch die Haut meiner rechten Hand.

THERAPEUT:

Stellen Sie sich nun vor, Sie wandern durch Ihren Körper. Wie bewegen Sie sich durch Ihren Körper?

ICH:

Ich schwebe. Ich schwebe durch meinen Körper. Oh, nun beginne ich, in mir zu wachsen. Ich kann es nicht aufhalten. Ich werde immer größer, ich werde mich komplett ausfüllen!

An dieser Stelle reißt meine Erinnerung kurzzeitig ab. Ich weiß nicht wie, aber ich befinde mich nun in einem Ozean...

THERAPEUT:

Was sehen Sie?

ICH:

Da sind Delphine in meiner Nähe. Eine kleine Gruppe Delphine.

THERAPEUT:

Was geschieht nun? Lassen Sie sich Zeit.

ICH:

Einer löst sich aus der Gruppe. Er schwimmt auf mich zu.

THERAPEUT:

Sehr gut. Sie dürfen ihm eine Frage stellen. Was möchten Sie fragen?

ICH:

Ja, ich habe eine Frage. Seite an Seite schwimme ich neben meinem Delphin.

„Werde ich jemals gesund?"

Sie nickt.

Sie ist ein Delphinmädchen. Sie löst sich von meiner Seite, schwimmt mir gegenüber und blickt mir in die Augen.

Eifrig nickt sie immer weiter...

Der Therapeut beendet die Hypnose. Ich bin tränenüberströmt.

ADA, mein Delphinmädchen heißt Ada. Sie ist mein Helfer und Heiler.

Wenige Zeit später kommunizieren wir miteinander.

Mein Unterbewusstsein hat mir eine Tür geöffnet und mir den Weg zur Selbstheilung gezeigt.

Es liegt an mir, ihn zu gehen!

Auf diesem Weg beginne ich zu vergeben, beginne ich frei zu geben...

Am Ende des Weges darf ich annehmen (mein Selbst), darf ich einnehmen (meinen Platz).

Denn ich bin schon immer ICH gewesen.

Ich habe mich nur in mir eingeschlossen!

Um ganz ich selbst zu sein, muss ich nur mein wahres Selbst zulassen.

Es liegt an mir, wenn es schwer erscheint...

Zu meinem Geburtstag war es meiner Familie erlaubt, mich abends zum Essen auszuführen.

Erschöpft sähe ich aus. Noch dünner. Erstaunte Gesichter beim Erzählen meiner bisherigen Erlebnisse und auch Erstaunen bei mir. Meine Tochter konnte noch gar nicht wissen, dass ich die Farbe rosa „zum Atmen" wählte.

Daher war mein Erstaunen groß, als sie mir mein Geschenk überreichte, in rosafarbenem Papier verpackt. Und mir auch noch erklärte, „aus einem Gefühl heraus" extra dieses Papier besorgt zu haben.

Diese strahlenden Gesichter.

Ich will sie nicht enttäuschen. Ich darf sie nicht enttäuschen.

Wie ist es möglich, dass sie an mir festhalten? Mich nicht schon längst aufgegeben haben? So viel Leid habe ich ihnen zugefügt! All die Trauer – meinetwegen!

Viel zu schnell müssen wir uns wieder verabschieden und wieder sitze ich in meinem Zimmer und weine.

Ich erwarte die nächsten Tage, an denen ich mich ablenken kann, meinem Ablaufplan folgen kann, noch immer hin und hergerissen zwischen Hoffnung und Zweifel.

Musiktherapie, 24.11.2015

Ich atme. Ich bin vollständig konzentriert auf meine Atmung.

Ein weißes Flimmern. Noch weiß ich nicht, was es ist. Dann wird aus dem Flimmern Schnee – ein Schneesturm...

Ich kämpfe mich durch eine Landschaft, die nur aus Schnee zu bestehen scheint. Meine Schritte sind schwer, mein Atem bildet stoßweise Wölkchen; ich ziehe einen großen Schlitten hinter mir her. Dann erkenne ich mein Ziel: es ist ein Eisloch, in welchem ich vorhabe zu angeln. Ich bin ein Inuit, ich brauche Nahrung. Ganz weit in der Ferne erkenne ich nun auch mein Iglu. Ich habe alles bei mir, was ich zum Überleben benötige, doch die Kälte ist unerbittlich... Ich friere, ich möchte nicht mehr frieren. Meine Lungen schmerzen, ich muss der Kälte entfliehen...

Die Bühne gehört mir!

Als „Primaballerina" gebe ich die Vorstellung meines Lebens! Ich tanze wie nie zuvor, es ist meine Passion, ich bin perfekt, ich bin ganz ich und das Publikum spürt dies, der Applaus findet kein Ende! Alles vermischt sich: Ich rieche den Schweiß meiner Mittänzer, das Klatschen der Besucher meiner Vorstellung ist ohrenbetäubend. Viele weinen vor Rührung, schluchzen, ich bin „magnetisierend".

Und dann sehe ich die beiden Menschen, für die ich heute hauptsächlich tanze, inständig hoffte, dass sie mich doch wenigstens einmal sehen würden, in meiner Perfektion, nur ein einziges Mal: Meine Mutter und mein Stiefvater sitzen tatsächlich im Publikum... Sie können es nicht fassen, das sehe ich an ihren Gesichtern, doch mich treibt ihr Dasein nur noch zu ungeahnten Kräften an. Es ist die Vorstellung meines Lebens. Ich bin unerreichbar. Und auch wenn meine Eltern dies offensichtlich nicht ausreichend honorieren können, ist es mir eine Genugtuung mir selbst gegenüber – ich bin einzigartig! Dies spiegelt sich auf der Bühne wieder, denn dort werde ich zur Königin gekrönt. Es passt perfekt. Ich bin eine Königin, tief in meinem Herzen!

Ich tanze immer noch, nun jedoch auf einem Ball, und ich tanze mit meinem Mann. Wir sehen wunderschön aus, unsere Kleidung ist farblich aufeinander abgestimmt, wir harmonieren perfekt, wir tanzen den Königswalzer, wir tanzen und tanzen...

Ruhe, Entspannung, Leichtigkeit... auf einer Frühlingswiese. Was gibt es Schöneres? Nur meine Familie und ich. Wir liegen im Gras, nichts anderes ist wichtig, nur, dass wir hier zusammen liegen: Mein Mann, unsere wundervolle Tochter und auch unser Hund.

Wir halten uns alle ganz fest an den Händen, es ist friedlich, ich spüre die reine Liebe...

Meine Familie!

Meine eigene, richtige Familie!

Was wäre ich ohne sie?

Nichts.

Ich weine um die verlorene Zeit, in der ich nicht zuließ geliebt zu werden. Mein Herz so fest verschloss, weil ich Angst hatte zu verletzen. Ich weine um die verlorene Zeit, in der ich mein Herz verschloss.

Die größte Herausforderung. Das bin ich selbst!!! Und wer ergründet sich am tiefsten?

Man selbst.

Ich analysiere mich.

Der Aufenthalt hier in der Klinik ist der perfekte Ort und natürlich benötige ich die professionelle Unterstützung der Therapeuten. Schließlich gelang es mir nie vorher in meinem Leben, mich zu analysieren. Doch egal, wie ausführlich ich auch meine Gedanken zu beschreiben versuche, wie detailliert ich versuche, Einblick in meine

Seele zu gewähren, die Zerlegung und Zusammensetzung meines Ichs sind meine Aufgabe.

Die 2. Musiktherapie offenbarte mir einiges.

Der schwere Schlitten – eine schwere Last, die ich hinter mir herziehe.

Mein Überlebenswille – den hatte ich schon immer, auch wenn ich mir ihm nicht immer offensichtlich bewusst war.

„Primaballerina" – ich nehme sehr wohl meinen Körper wahr.

Ich hätte gerne eine „gesunde" Aufmerksamkeit meiner Eltern erfahren.

Meine Familie. Sie sind der Mittelpunkt meines Lebens.

Bei einer unserer Einzelsitzungen schlägt mir mein Therapeut erneut eine „Reise" vor. Ich soll mir ein Bild aus Kindertagen in Erinnerung rufen. Es gibt nicht viele Erinnerungen für mich. Genauso, wie es nicht viele Fotos aus der Zeit meiner Kindheit gibt. Eines aber habe ich sofort vor Augen.

Wir haben offensichtlich einen Ausflug in einen Zoo unternommen:

Meine Mutter, mein Stiefvater, meine beiden Brüder und ich. Der Jüngste wird noch in einem Kinderwagen geschoben. Er ist kein Baby mehr, aber bestimmt nicht älter als 1 Jahr. Es ist sehr warm an diesem Tag, meine Brüder tragen kurze Hosen, meine Mutter und ich hübsche Kleider.

All diese Details kann ich mir aufgrund meiner Erinnerung an dieses Foto abrufen. Zentral im Bild posieren mein Bruder und ich vor einem Elefantengehege. Unsere Gesichter zeigen keine Regung. Kein Lächeln, keine fröhliche Ausgelassenheit, wie man sie bei kleinen Kindern in Anbetracht eines besonderen Familienausfluges vermuten würde. Wir wirken „stumpf". Im Hintergrund steht ein Elefant.

Mein Therapeut fordert mich auf, eine Szene zu kreieren, die mich fröhlich stimmen könnte...

In meiner Fantasie wird der Elefant zu meinem Spielkameraden.

Er schnappt mich mit seinem gewaltigen Rüssel und bugsiert mich auf seinen Rücken. Das gefällt mir! Das macht mir Spaß! Meine Brüder sollen auch dazukommen. Also sage ich „meinem" Elefanten, dass ich sie hier oben bei mir haben möchte. Nun sitzen wir alle drei auf dem gewaltigen Rücken dieses erhabenen wunderschönen Tieres.

Wir sehen glücklich aus...

GOYA, meine Elefantenkuh heißt Goya.

Sie ist mein Krafttier.

„Der Mensch ist am wenigsten er selbst, wenn er dir sein Gesicht zeigt.

Gib ihm eine Maske und du erfährst sein wahres Ich!"

(Oskar Wilde)

Eine Maske, ja, die trug ich ein Leben lang.

Doch nicht freiwillig. Sie wurde mir vor 45 Jahren auferlegt. Als mir irgendwann klar wurde, dass ich „anders" bin, dass ich mit einer Schattenwelt kämpfe, versuchte ich, Erklärungen zu finden...

Das war – und das ist wahrscheinlich auch heute noch- nicht einfach. Mein Verstand wollte mir die Erkenntnis verweigern. Hilflos, ohne mich jemandem anvertrauen zu können, blieb mir nur die Möglichkeit einschlägiger Literatur.

Es war verstörend.

Es war unbefriedigend.

Es gab kein Entkommen.

Wie sollte es mir möglich sein zu entkommen? Schließlich war es meine Pflicht -als Tochter- mich um meine Mutter zu kümmern. Egal, was sie mir antat, sie war meine Mutter! Also gab es nur eine Flucht, die Schattenwelt erträglicher zu machen, mit Alkohol. Dadurch wurde alles leicht, alles verschwamm sprichwörtlich. Es wurde leichter.

Und natürlich der Schmerz. Der selbst zugefügte Schmerz. Auch er machte es zwischenzeitlich leichter. Die Kombination machte es noch leichter.

Ich schäme mich für mein „altes" Leben.

Ich schäme mich immer noch für mich.

Musiktherapie, 01.12.2015

Ich atme. Ich bin vollständig konzentriert auf meine Atmung.

Ein Tipi.

Ich sitze vor einem Tipi – versunken in meinen Gedanken. Etwas erwartet mich.

Eine Aufgabe, die ich erfüllen soll. Ich mache mich auf den Weg. Im fahlen Mondschein erreiche ich einen See. Die Berge im Hintergrund erheben sich zu schwarzen Schatten; der See glitzert und funkelt.

Ohne zu zögern trete ich in das Wasser. Es umgibt mich mit wohliger Wärme und ist gleichzeitig erfrischend. Ich habe keine Angst. Immer tiefer wate ich hinein, bis ich nicht mehr stehen kann. Dann lasse ich mich einfach treiben. Auf dem Rücken liegend genieße ich die Stille, nichts ist wichtig, in mir eine unendliche Ruhe. So liege ich, bis ich weiß, dass es nun Zeit ist. Zeit für meine Prüfungen...

Am Rande eines Urwaldes erhalte ich Bogen und Pfeil.

Dies ist meine Aufgabe: Trete hinein in den Urwald, zögere nicht, stelle dich deinen Ängsten, geh!

Es ist stockdunkel. Ich muss mich auf meine Sinne verlassen, eins werden mit meiner Umgebung. Was genau wird von mir erwartet? Soll ich ein Tier erlegen? Werde ICH gejagt? Ich streife umher, immer weiter. Die Geräusche um mich herum sind ohrenbetäubend – wie Schreie, doch ich habe keine Angst. Eine Vielzahl von Augenpaaren blickt mich durch das Dickicht an, doch ich habe keine Angst, denn ich weiß nun, dass mir nichts geschehen wird, dass ich nicht jagen soll und auch nicht gejagt werde. Ich soll einfach nur meinen Weg gehen...

Immer weiter und weiter, begleitet von den vielen Geräuschen und den mich anstarrenden Augen, laufe ich immer weiter und bin schließlich kein Indianer mehr.

Ich bin Rotkäppchen und laufe nicht länger durch den Urwald mit all seinen Geräuschen und Augen. Ich laufe durch einen Wald aus Tannen und neben mir schweben zwei riesige Köpfe: Der eine ist ein Wolfskopf, der andere der eines Clowns. Um die beiden Köpfe herum schweben bunte Luftballons. Das gefällt mir überhaupt nicht, ich möchte lieber woanders sein.

Eine Frühlingswiese, was gibt es schöneres? Nur meine Familie und ich. Wir liegen im Gras, nichts anderes ist wichtig, nur, dass wir hier zusammen liegen. Wir halten uns ganz fest an den Händen; es ist die reine Liebe...

Wieder als Indianer stehe ich am Abgrund eines riesigen Wasserfalles. Ich zögere nicht, ich schließe meine Augen und lasse mich fallen. Ich habe keine Angst.

Ich stürze in die Tiefe und gleite durch einen riesigen Tunnel, der nur aus Wasser besteht.

Ich erblicke ein wundervolles Licht und gleite sanft darauf zu – immer weiter und weiter…

Jetzt befinde mich in einem hellen Raum. Riesige Hände tragen mich und wohltuende Wärme umgibt mich.

Alles ist friedlich, alles ist vollkommen.

Ich bin Teil eines „Großen Ganzen".

Es ist die reinste Form der Existenz!

Der „helle Raum" wird später immer wieder auftauchen. Seine Bedeutung offenbarte sich mir erst zu einem späteren Zeitpunkt.

Dass ich als Indianer auftauchte ist durchaus nachvollziehbar, denn mein leiblicher Vater war ein Halbblut. Seine Mutter vom Stamm der Navajo. Eines der wenigen Details, die ich meiner Herkunft betreffend weiß.

Der Wolfskopf?

Meine Mutter darstellend?

Luftballons. Ich hasse sie.

Ein Clownskopf?

Mein Stiefvater konnte sehr schön zeichnen. Eines seiner Werke war in der Tat die Darstellung eines Clowns, bzw. die Vergrößerung des Kopfes aus der Vorlage. Ich weiß, dass ich dieses Bild liebte, vielleicht deshalb, weil der Clown so traurig aussah. So traurig, wie ich mich fühlte.

Wasser mag ich allerdings nicht so sehr, denn als Kind wäre ich fast ertrunken. Von daher ist es doch etwas erstaunlich, dass ich mich in „tranceähnlichen" Zuständen, in

Hypnose, in Träumen und auch in Erinnerungen im Wasser so wohl fühle, obwohl ich das nicht so sehr mag.

Oft wurde ich gefragt, ob dieser Zustand in einer Musiktherapie, während einer Trance etc.- mit einem Traum vergleichbar wäre.

Dies verneinte ich.

Die Erklärung hierfür zu geben ist nicht einfach, aber wenn man beides erlebt hat, fühlt man den Unterschied. Sowohl die Musiktherapie als auch Trance-Training, Ausdrucks- und Gruppentherapie finden nur 1x in der Woche statt. Jeden Tag bin ich in der Atemtherapie und bei der Muskelentspannung. Kaum bleibt mir tagsüber die Zeit meine Gedanken niederzuschreiben. Gerne würde ich mich austauschen, doch mit wem?

Also bleibe ich mehr oder weniger für mich. Es sei denn, ich habe Ausdruckstherapie oder Gruppentherapie. Horror!!! Bei diesen Therapien bin ich nicht allein! Bei diesen Therapien bin ich so richtig konfrontiert!

Mit anderen! Ich hasse diese Therapiestunden!

Ich weiß, warum ich diese Therapiestunden besonders hasse. Sie katapultieren mich in ein „soziales" Umfeld, welches ich am liebsten umgehen würde. Sie „zwingen" mich mit Konfrontationen, die ich am liebsten umgehen würde.

Sie sind in meinen Augen „überflüssig".

Ich fühle mich überfordert...

Ich fühle mich „unzugehörig".

Ich füge mich...

Die Ausdruckstherapie

Derselbe Raum wie in der Musiktherapie. Wie beim Sport. Nur die Matratzen werden beiseite geräumt. Der Therapeut erklärt, worum es geht. Worum es gehen soll. Körperwahrnehmung. So weit, so gut.

Das kann ich. Mit mir.

Mit der entsprechenden Musik. Leider trifft dies bei der Ausdruckstherapie nicht unbedingt zu; auf die Auswahl der Musik habe ich keinen Einfluss, auf die „Mittänzer" habe ich keinen Einfluss. Stimmt die Musik, kann ich mich bewegen. Stimmt meine Stimmung, kann ich mich fallen lassen. Sogar den „Anweisungen" folgen...

Partnerwahl, Paarbewegungen, gegenseitiges führen, bewegen, bewegen lassen, auf Kommando Schritte vollführen, dies alles widerstrebt mir, wenn die Musik nicht stimmt und ich nicht gerade keine Lust auf Anweisungen habe.

Warum soll ich Dinge tun, die mir auferlegt werden? Wenn ich sie nicht gerade selbst und freiwillig tun möchte?

Aber in den Momenten, wenn die Musik für mich stimmt, wenn ich mich spüre, wenn ich loslasse, alles um mich herum vergesse, dann überkommt mich grenzenlose Freiheit.

Dann ist es befreiend.

Die Gruppentherapie

Wir sitzen im Kreis. Alle Patienten, mit denen ich „meinen" Bezugstherapeuten „teile". Niemand weiß genau über den anderen Bescheid. Worüber sollen wir reden? Es kotzt mich an. Ich habe keine Lust auf soziale Kontakte. Ich habe keine Lust auf die Probleme anderer. Ich habe keine Lust auf Unverständnis, welches ich natürlich auch nicht aufbringe.

Für niemanden.

„Die Probleme der anderen sind die Probleme der anderen". Diesen Satz hat mir eine Mitpatientin auf den Weg gegeben. Jedoch wünschte ich mir zeitlebens nicht genau das?

Verständnis.

Entgegenkommen.

Mitgefühl.

Und ich selbst?

Ich möchte es für niemanden empfinden?

Einzelhypnose, 03.12.2015

-Tafeln-

THERAPEUT:

Stellen Sie sich Ihren Baum vor. Ihren eigenen Baum.

ICH:

Ich sehe ihn. Er ist wunderschön. Er hat ein riesiges Wurzelwerk, drei Stämme und eine mächtige Krone.

THERAPEUT:

Nun stellen Sie sich vor, Sie möchten dort etwas platzieren. Eine Tafel, oder mehrere. Was könnte auf diesen Tafeln stehen?

ICH:

(Nach eingehender Überlegung)

Mut, Liebe, Hoffnung, Kraft, Ausdauer

THERAPEUT:

Jetzt platzieren Sie diese Tafeln an Ihrem Baum. Vielleicht möchten Sie sie mit einem Nagel befestigen, oder mit einer Schnur?

ICH:

(wieder überlege ich) Nein, sie sollen nicht daran befestigt werden. In der Mitte der drei Stämme befindet sich eine Mulde, dort hinein möchte ich sie legen. Dort sind sie geschützt.

THERAPEUT:

Sehr schön. Und nun stellen Sie sich Ihre Farbe vor. Ihre Farbe, wie erscheint Sie Ihnen?

ICH:

Als Regen. Ich lasse sie regnen. So kann ich gleichzeitig meinen Baum bewässern. Das gefällt ihm.

THERAPEUT:

Sehr gut. Lassen Sie sich Zeit.

ICH:

Ein See entsteht. Ein kleiner rosa See, genau vor meinem Baum. Ich springe hinein.

THERAPEUT:

Was würden Sie sich jetzt gerne gönnen? Denken Sie an etwas, dass Sie sich in diesem Moment Gutes tun würden.

ICH:

Ein Eis. Ich gönne mir ein leckeres Eis. In einer großen Waffel.

Der Therapeut beendet die Hypnose.

Anm. : Später werden „Orpheus" und „Eros" als meine Wächter über die Tafeln auftauchen. Sie sind Affen – Gibbons, Vater und Sohn...

Gruppentrance, 03.12.2015

„Das Schiff" -

So sitze ich hier also – an einem einsamen Strand. Ganz warm, weich und weiß ist der Sand.

Das Meer, es funkelt, glitzert und strahlt. In der Ferne der Horizont, wunderschön – wie gemalt.

Ein Punkt taucht auf – klein, man sieht ihn kaum. Bin ich noch wach oder ist es ein Traum?

Sie ganz genau hin, was ist es denn bloß? Ein Schwimmer, eine Welle oder vielleicht ein Floß?

Lass es näher kommen, dann siehst du es gleich, derweil bleib ich liegen – der Sand ist schön weich!

Und mein Körper schwer und leicht zugleich. Bin ich noch wach oder ist es ein Traum?

So sitze ich hier also – in einer einsamen Bucht. Ganz entspannt, ruhig, kein Gedanke an Flucht.

Der Punkt kommt näher – kannst du ihn schon erkennen?

Kannst du das Objekt deiner Gedanken beim Namen nennen?

Es ist ein Schiff – deines ganz allein! Stelle es dir vor, wie soll es sein?

Riesengroß und prächtig, aus Holz und mit Segeln? Oder aber unscheinbar und klein?

Für mich ist nämlich sehr schnell klar. Dieses Schiff, es stellt mein Leben dar!

Das macht mich sehr traurig und schockiert mich auch. Ist es diese Klarheit, die ich zu diesem Zeitpunkt brauch?

Bin ich noch wach oder ist es ein (Alb-) Traum?

Groß ist es –ja- doch völlig abscheulich.

Keineswegs ansehnlich.

Einfach nur gräulich.

Sieh ganz genau hin, geh doch mal an Bord! Womöglich entdeckst du noch etwas anderes an diesem Ort!

Der erste Schreck ist überwunden. Warum sollte ich nicht dieses Schiff/mein Leben erkunden?

Ich bin weder wach, noch ist es ein Traum. Ich bewege mich in einer Art „Zwischenraum".

Folglich verlasse ich meinen einsamen Strand. Mit dem herrlich warmen und weichen Sand.

Und spaziere zögerlich an Deck.

Was wird mich erwarten?

Ein weiterer Schreck?

Er hat was „piratenhaftes", dieser große Pott. Ich verstehe –ein Geisterschiff- oh mein Gott!

Gespannt blicke ich mich dennoch umher. Geh doch mal hinein, dann siehst du mehr.

Die Stufen hinab zu den Passagiers Kabinen. Mir ist es, als wären mir Geister erschienen.

Der erste Eindruck – er täuschte fatal. Vieles hier ist weder hässlich, noch ist es banal!

Ich bin weder wach, noch träume ich. Dies ist nur eine völlig andere Sicht!

Wunderschön zeigt sich mir ein ganz anderes Bild. Was vorher durcheinander und wild.

Sehe ich nun in Ordnung, Glanz und Herrlichkeit. Ich beginne zu verstehen –

Langsam ist es soweit.

Noch ein paar Stufen hinab in den Maschinenraum. Mir ist weiter bewusst, dies ist kein Traum!

Erwarten mich statt Öl und Gestank. Polierte Maschinen und ein sauberer Tank.

Also spaziere ich wieder die Stufen hinauf. Die Türen der Kabinen – sie stehen auf

und ich Sehe auch hier alles sauber und fein. Es ist so behaglich, ordentlich und rein.

Vom obersten Deck her nehme ich Stimmen wahr. Ich bin nicht alleine, das wird mir nun klar.

Es ist okay hier im Zwischenraum.

Sehr viele Menschen laufen kreuz und quer. Ein fröhliches Lachen geht einher.

Und in der Mitte, da stehe ich. Als Kapitän dieses Schiffes, nichts erschüttert mich.

Alles, alles wird von mir gleitet. Ein Wohlbehagen sich in mir ausbreitet.

Mein Leben, ich habe es selbst in der Hand. Wenn ich nicht will, bin ich nicht zum Scheitern verbannt!

So führe ich fort, meine Lebensreise, auf meine ganz eigene persönliche Weise.

Und alle, die mich dabei begleiten, sei es nur ein Stück, diejenigen wissen:

Es gibt immer einen Weg zurück!

Musiktherapie, 08.12.2015

Ich atme. Ich bin vollständig konzentriert auf meine Atmung.

Ein Schloss. Ein wunderschönes Schloss taucht auf. Es steht inmitten eines großen Parks. Reges Treiben herrscht.

Ein Fest. Ein großes Fest wird vorbereitet und die Bediensteten sind eifrig dabei, alles vorzubereiten. Im Außenbereich werden Stühle aufgestellt, eine Bühne wird aufgebaut und alles wird mondän und mit größter Sorgfalt geschmückt.

Innen sieht es ähnlich aus: Alles wird blitzblank geputzt: Die Möbel, das Silber, die Böden. In der Küche herrscht Hochbetrieb, denn es werden viele Gäste erwartet und ein feudales Essen soll serviert werden. Es summt wie in einem Bienenstock, überall sieht man schwarz/weiße Punkte hin-und herlaufen, die Butler tragen ihr klassisches Livree, die Frauen ihre weißen Schürzen und Hauben über ihren schwarzen Kleidern.

Bis zum Abend ist alles vorbereitet und das Orchester betritt die Bühne. Gewaltige Lichterketten hängen in den Bäumen und die Gesellschaft nimmt in ihre schönsten Roben gekleidet ihre Plätze ein.

Zunächst hört man nur das Gemurmel der vielen Menschen, doch dann betritt der Dirigent die Bühne und alles verstummt.

Nun kann ich mich endlich sehen!

Ich bin der erste Geiger und sitze in der ersten Reihe. Meine Haltung ist perfekt; ich weiß, dass ich mein Bestes geben werde. Während des Konzertes wechselt das Bild.

Ich blicke in den Wohnraum einer bescheidenen Hütte. Mitte in dem Zimmer prasselt ein großer steinerner Kamin. Vor diesem

Kamin kniet eine junge Frau in einem bescheidenen Gewand und schrubbt den Boden. Neben ihr steht ein Blecheimer, in den die junge Frau von Zeit zu Zeit

eine Holzbürste taucht, um anschließend weiter zu schrubben. Ich kenne sie. Ich erkenne mich! Ich bin diese junge Frau!

Klaglos ertrage ich mein Schicksal, zu einem Dasein als Dienstmagd verbannt zu sein. Neben dem Kamin führt eine Holztreppe in einen leicht geschwungenen Bogen zu einer kleinen Galerie. Auf dieser Galerie stehen drei Frauen. In der Mitte eine etwas ältere, rechts und links von ihr jeweils die beiden jüngeren, die aber wiederum älter sind als ich.

Alle drei tragen prachtvolle Gewänder und kostbaren Schmuck.

Sie stehen ganz starr einfach nur da. Sie haben keine Gesichter.

Ich kenne Sie.

Ich weiß, dass es sich um meine Mutter und um meine beiden Schwestern handelt.

Unbeirrt scheuere ich den Boden…

Das Schloss! Das wunderschöne Schloss taucht wieder auf!

Bald erreicht das Fest seinen Höhepunkt: Die Abschluss Sinfonie! Ich blicke auf die Bühne und bin überrascht! Ich bin nicht mehr der erste Geigenspieler. Ich bin nun der Dirigent!

Die Frühlingswiese, was gibt es schöneres? Wir liegen im Gras, meine Familie und ich, doch wir sind dieses Mal nicht alleine. Um uns herum stehen viele andere Menschen. Ich weiß nicht, wer sie sind und es erscheint mir auch nicht wichtig.

Denn WIR halten uns an den Händen.

Es ist die reine Liebe…

Ich erkenne mich sofort wieder! Obwohl ich ganz anders aussehe! Als Geisha tanze ich den „Schattentanz". Ganz traditionell gekleidet und geschminkt weiß ich um jede meiner Bewegungen. Während ich konzentriert und hingebungsvoll tanze, verwandele ich mich in ein Kirschblütenblatt.

Und schwebe davon...

Nach dieser Musiktherapie bin ich nicht ganz so erschöpft, wenngleich nicht weniger überrascht. Offensichtlich spielen sich viele meiner „Erlebnisse" wie ein Märchen ab. Das ist wiederum nicht allzu sehr verwunderlich, wenn man bedenkt, dass Märchen ursprünglich für Erwachsene gedacht waren. Hinzu kommt meine mir beibehaltene kindlich-neugierige Fantasie... meine Art, mit schwierigen, bestürzenden Situationen umzugehen.

Weshalb die Bilder/Geschichten zum Teil abrupt wechseln kann ich nur partiell erklären.

Manchmal möchte ich bewusst aus einer Geschichte, weil ich mich unwohl fühle.

Manchmal ändert die Geschichte sich, obwohl sie aus meiner Sicht fortfahren könnte. Welche Bilder entstehen kann ich, so kommt es mir vor, nur teilweise beeinflussen.

Meine beiden älteren Halbschwestern sind nicht mit mir zusammen aufgewachsen. Wann ich von ihrer Existenz erfuhr kann ich nicht sagen. Erst spät kam es zu Begegnungen und ich nahm die Umstände einfach hin. Was hätte ich auch dazu sagen sollen? Meine Erziehung verbat mir, Mutmaßungen anzustellen. Sie waren im Grunde genommen Fremde für mich.

Meine Familie ist das Wichtigste für mich. Mein Mann, unsere Tochter, daran habe ich keine Zweifel.

Wie auch schon bei „Das Schiff" als auch in der letzten Musiktherapie tauchen verstärkt andere Menschen auf. Meiner Meinung nach sind es mir wohlgesonnene Menschen aus der Vergangenheit, der Gegenwart und der Zukunft.

Zeitlebens fühlte ich mich verlassen, unzugänglich, gleichwohl unbeliebt und ungeliebt. Nie griff ich nach mir entgegengebrachter Zuneigung. Aus Angst, dass sie nicht echt sein könnte. Die Figur der Geisha zeigt mir den Hinweis auf meine asiatischen Wurzeln. Die Verwandlung in ein Kirschblütenblatt veranlasste mich zu einer Recherche.

Der Kirschblütenbaum steht für Schönheit, Aufbruch, Vergänglichkeit.

Die japanische Überlieferung der Bedeutung des Kirschblütenbaumes wird mit MONO NO AWARE betitelt – bewusste Materie, das emphatische Verstehen dessen, was nicht gesagt ist. Mono No Aware beschreibt ein Lebensgefühl bzw. einen Weg Kunst und Leben in Einklang zu bringen.

Die Bedeutung von Mono No Aware ist, mit Einfühlungsvermögen für Dinge bzw. das Bewusstsein auf Vergänglichkeit gleich zu setzen...

Sakura Sakura

In den Feldern und Hügeln und den Dör-
fern. Soweit das Auge reicht. Wie Nebel, wie
Wolken, leuchtend in der aufgehenden
Sonne...

Sakura Sakura

Der Frühlingshimmel. Soweit das Auge
reicht. Wie Nebel, wie Wolken. Der Duft
und die Farben. Gehen wir, gehen wir uns
am Anblick erfreuen...

(Trad. Lied zum Kirschblütenfest)

Das sind alles keine Zufälle!

In meinem Zimmer, auf meinem Bett liegend, lasse ich meine Gedanken schweifen.
Es sind so viele und ich ertappe mich dabei
festzustellen, dass alles einen Sinn ergibt.
Zwischendurch lenke ich mich ab, indem
ich lese. Bücher, die einfach nur spannend
sind, Bücher, die langweilig sind, Bücher,

die mich an etwas anderes denken lassen. Und Musik. Diejenige, die mir gefällt. Bei der ich meinen Kopf frei bekomme.

Der Tagesrhythmus ist inzwischen Routine. Das frühe Aufstehen, die regelmäßigen Mahlzeiten, die Therapien dazwischen, alles Programm. Viele Spaziergänge vervollständigen meine freie Zeit. Die Tage vergehen wie im Flug. Und doch liegt noch eine lange Zeit vor mir. Eine Zeit, auf die ich mich freue und auch neugierig bin. Und vor der ich auch Angst habe. Was erwartet mich noch alles? Werde ich genügend Kraft und Ausdauer aufbringen? Ich weiß es nicht.

Ich lasse es auf mich zukommen…

Gruppentrance, 12.12.2015

„Der Fluss"

Dort bei den Felsen, zwischen dem Gestein, ja ganz genau dort muss die Quelle sein.

Man hört sie sprudeln, ganz leise nur, frisch klingt es, und sanft und pur.

Die Landschaft verändert sich jetzt nach und nach, Felder und Wiesen, alles liegt brach.

Immer größer wird das Bächlein nun, sucht sich weiter seinen Weg, sonst muss es nichts tun.

Bäume tauchen auf, sattes Grün ringsherum, mal ist der Bachlauf gerade, dann wieder krumm.

Ein kleines Dorf erscheint in der Ferne, ich betrachte das Wasser, das mache ich gerne.

Längst ist es kein Bächlein mehr, es ist ein Fluss, das gefällt mir sehr,

doch was treibt dort in dem Wasser umher?

Holz und Geröll haben sich aufgetan, das macht das ganze Wasser lahm.

Schwer bahnt der Fluss sich durch die Landschaft,

doch die Wassermassen entfalten ihre volle Kraft, und so wird auch dieser Weg geschafft!

Der Fluss, er tanzt und rauscht einher, das viele Geröll, es wird immer mehr...

Tosend taucht dann ein Wasserfall auf, das verändert wiederum den gesamten Verlauf.

In die Tiefe hinab stürzt das Wasser alsbald, ganz weit hinunter, es gibt keinen Halt.

Und all das Geröll? Es bleibt oben hängen; Kein Widerstand, kein Drängen.

Unterhalb des Wasserfalles liegt der See, bereit der Fluss, er ist von seinem Ballast befreit!

„EMDR", 14.12.2015

THERAPEUT:

Stellen Sie sich Ihren Baum vor.

ICH:

Ich sehe meinen Baum. Er ist wunderschön. Goya steht neben ihm. Orpheus und Eros sitzen im Baum.

THERAPEUT:

Sehr schön. Und nun stellen Sie sich eine Leinwand vor. Eine große weiße Leinwand. Sie steht in einiger Entfernung. Sehen Sie sie?

ICH:

Ja, ich sehe sie.

THERAPEUT:

Wählen Sie Ihr Bild. Ihr Bild, welches auf der Leinwand erscheinen soll.

ICH:

Ich habe mein Bild.

THERAPEUT:

Prägen Sie sich dieses Bild ganz genau ein.

ICH:

Ich sehe das Bild klar vor mir.

THERAPEUT:

Öffnen Sie Ihre Augen.

Ich öffne meine Augen.

Der Therapeut „wedelt" mit einem Stift vor meinem Gesicht herum. Meine Augen sollen den Bewegungen folge. Er murmelt dabei etwas, das ich nicht verstehe.

THERAPEUT:

Schließen Sie Ihre Augen. Sie sehen Ihre Leinwand in großer Entfernung. Lassen Sie Ihr Bild langsam näher kommen. Was sehen Sie?

ICH:

Der rechte Teil des Bildes ist verschwunden. Ich bin überrascht. Ich hätte erwartet,
dass zuerst der linke Teil verschwindet.

THERAPEUT:

Wie fühlen Sie sich?

ICH:

Ich fühle mich gut. Ich kann weiter machen.

THERAPEUT:

Gut. Atmen Sie ruhig weiter. Sehen Sie sich
das Bild an und nun öffnen Sie Ihre Augen...

Ich öffne meine Augen.

Der Therapeut „wedelt" wieder mit seinem
Stift vor meinem Gesicht herum, erneut
sollen meine Augen den Bewegungen folgen und wieder diese unverständliche Gemurmel.

THERAPEUT:

Schließen Sie Ihre Augen. Sie sehen Ihre Leinwand in großer Entfernung. Lassen Sie Ihr Bild langsam näher kommen. Was sehen Sie?

ICH:

Der mittlere Teil des Bildes ist nun auch verschwunden. Dreiviertel des Bildes hat sich aufgelöst.

THERAPEUT:

Sehr gut. Wie fühlen Sie sich? Sie entscheiden, ob wir weitermachen.

ICH:

Ich schaffe das. Ich kann weitermachen.

THERAPEUT:

Gut. Atmen Sie ruhig weiter. Sehen Sie sich das Bild an und nun öffnen Sie die Augen.

Ich öffne meine Augen.

Der Therapeut „wedelt" mit einem Stift vor meinem Gesicht herum. Meine Augen folgen den Bewegungen. Er murmelt die Worte, die ich nicht verstehe...

THERAPEUT:

Schließen Sie Ihre Augen. Sie sehen Ihre Leinwand in großer Entfernung. Lassen Sie Ihr Bild langsam näher kommen. Was sehen Sie?

ICH:

Das Bild ist verschwunden. Die Leinwand ist schwarz.

Der Therapeut beendet die Hypnose.

ICH:

Die Leinwand ist schwarz. Ist das richtig? Ich dachte, sie müsste vielleicht weiß werden?

THERAPEUT:

Es ist alles in Ordnung. Wie fühlen Sie sich?

ICH:

Erschöpft. Ich fühle mich erschöpft aber gut.

Später setzten Schwindel, Übelkeit und Nackenschmerzen ein. Zwei Tage lang. Das Bild bereitete mir nie mehr Angst! Das Bild. Ich wusste sofort welches Bild ich wähle. Es stellte meine erste Erinnerung dar.

Der Raum. Mein Bett. Schlafend, unschuldig träumend, mein Stiefvater neben meinem Bett.

Aufgenommen, wie von einer dritten Person aus einem Winkel gegenüber fotografierend. Dieses Bild wollte ich löschen. Dieses Bild stellte meine schlimmsten Albträume dar. Daher war ich überrascht, dass zuerst mein Stiefvater aus dem Bild verschwand. Ich dachte, dass zuerst ICH verschwinde. Dass ich zuerst mich auslösche.

Doch ich war auf der linken Seite. Ich verschwand erst zum Schluss. Zuerst mein Stiefvater, dann der mittlere Teil (das Bett), dann ich.

Meine Erinnerungen bleiben, doch sie beherrschen mich nicht länger.

Das Schreckliche beherrscht mich nicht mehr.

Musiktherapie, 15.12.2015

Ich atme. Ich bin vollständig konzentriert auf meine Atmung.

Sofort nach Einsetzen der Musik erscheint mir mein Krafttier – „GOYA", meine afrikanische Elefantenkuh. Sie steht direkt vor mir und tänzelt. Ihr Kopf wiegt hin und her. Staub wirbelt auf, weil sie mit den Beinen stampft.

Stammeskrieger stehen um sie herum. Ich bin in Afrika.

Goya dreht sich um und ich weiß, dass ich ihr folgen soll. Unser erster Weg führt uns zu meinem Affenbrotbaum und ich kann mich davon überzeugen, dass Orpheus und Eros –meine beiden Gibbons- meine Täfelchen bewachen.

Anschließend marschieren wir Richtung Dschungel. Wir erreichen das Dickicht, als ich eine Melodie höre.

Goya fordert mich auf, ihr zu folgen. Sie kann mich nicht begleiten, es ist für sie zu schmal, zu dicht.

Ich zögere nur kurz. Dann trete ich tiefer in das Gestrüpp, um zu erfahren woher die Musik kommt.

An einer kleinen Lichtung sehe ich ein kleines Mädchen. Unter einem Baum sitzend. Es spielt auf einer Panflöte. Ich erkenne es. Das bin ich, als kleines Mädchen Im Alter von ca. 4 Jahren.

Mein kleines Ich erkennt mich und hört auf zu spielen. Ich trete näher und beginne mit einem Mal sehr zu frieren. Mein kleines Ich ist aufgestanden und bereitet mir ein Lagerfeuer, um mich zu wärmen.

Ich betrachte mich und werde ganz traurig und beginne zu Weinen.

Ich weine, weil ich weiß, wie viel Leid ihr (mir) widerfahren wird. Ich möchte sie (mich) beschützen, weiß aber, dass ich es nicht kann, weil es gleichzeitig die Zukunft und die Vergangenheit ist. Ich weine immer heftiger und kontrolliere bzw. konzentriere mich gezielt auf meine Atmung...

Mein kleines Ich tritt ganz nah an mich heran und ergreift meine Hände. Sie sagt mir, dass ich nicht traurig sein soll über das, was geschehen wird. Sie werde mich beschützen.

Nun befinde ich mich in einem See und bade. Das Wasser fühlt sich schön und beruhigend an. Ganz entspannt lasse ich mich tragen.

Plötzlich werde ich, wie durch eine unbekannte Macht ins Universum gezogen.

Immer weiter und weiter, bis ich auf einem anderen Planeten bin. Alles ist kahl. Wie eine Kraterlandschaft. Und ich beginne wieder zu frieren. Ich lasse Lavakometen und glühende Sternschnuppen auf den Planeten prasseln, um mich zu wärmen.

Plötzlich beginnen Bäume und Pflanzen zu wachsen. Es wird immer grüner um mich herum und bei genauerem Hinsehen erkenne ich kleine Kapseln, die wie gläserne Murmeln wirken.

Mir wird klar: Dies ist kein fremder Planet. Dies ist die Erde in ihrer Entstehung und in diesen Kapseln ist alles Leben, jede Lebensform, die später hier herrscht enthalten.

Ich sehe Leben - überall - und spüre, dass es meine Aufgabe ist, darüber zu wachen...

Ich kehre auf die Erde im „Jetztzustand" zurück.

Ich bin eine indische Tempeltänzerin. Meine Augen schmerzen, doch ich bewege mich einfach weiter zu der rhythmischen Musik, die ein Schlangenbeschwörer spielt.

Jetzt bin ich in der Zeit, als ich mit meiner Tochter schwanger war.

Meine Mutter sitzt neben mir und weint. Ich glaube sie weint, weil sie weiß, dass sie nun geht und ihr Enkelkind nicht mehr wird sehen können.

Ich werde wieder sehr traurig und höre zunächst nicht, dass ADA, mein Heiler, mein Delfin mich ruft und ruft.

Sie kommt, mich abzuholen.

Um mit ihr durch den Ozean zu schwimmen.

Endlos ist die Zeit.

Endlos.

Urplötzlich sitze ich auf einem Felsen und spiele die Panflöte.

Die Zeit steht still, doch das Bild wechselt erneut abrupt.

Ich liege auf dem Grund eines Brunnens. Es ist wie ein heller Raum. Durch das Wasser im Schacht sehe ich schemenhaft Menschen oben herum, um den dunklen Brunnenrand stehend. Ich hole sie zu mir herunter in den hellen Raum und der helle Raum wird noch heller, weil sie jetzt alle um mich herum stehen.

Ich fühle mich geborgen.

Ich liege nicht mehr im Brunnen...

Ich liege irgendwo mitten in der Savanne...In Afrika...Mein Herz schlägt sehr intensiv. Im selben Rhythmus der Musik. Meine Atmung ist ganz ruhig. Wohlige Wärme breitet sich unter meinem Rücken aus. Meine Füße werden ganz schwer. Immer schwerer. Auch meine Beine werden ganz schwer. Immer schwerer. Ein Anflug der Angst schwebt über mir, mein gesamter Körper scheint aus unendlicher Schwere zu bestehen.

Der Gedanke, mich nicht mehr bewegen zu können schießt mir durch den Kopf, doch ich wehre mich nicht. Ich lasse es zu.

Dieses Gefühl – ich fühle mich glücklich!

Stammeskrieger tauchen in der Ferne in der flirrenden Hitze auf. Sie kommen näher und näher und bringen mir meinen Elefanten mit.

Diese Musiktherapie war körperlich sehr anstrengend. Ich erinnerte mich daran, dass der Therapeut einmal erwähnte, die Musiktherapie durchaus mit einem Marathon vergleichen zu können.

Und Durst! Unglaublich viel Durst habe ich immer unmittelbar nach meiner „Rückkehr". Hunger übrigens auch.

Doch an erster Stelle stehen immer meine Skizzen, um mich an alles erinnern zu können, obwohl ich sicher bin, mich jederzeit an ALLES zu erinnern.

Es war das erste Mal, dass mir mein kleines Ich derart eigenständig erschienen ist. Ich sah auch anders aus als auf dem Foto mit dem Familienausflug in den Zoo.

Nachvollziehbar dass Goya mich führte, schließlich ist sie mein Krafttier und wurde für mich schon zu einem früheren Zeitpunkt „lebendig" und bedeutsam.

An dieser Stelle möchte ich auch erwähnen, dass mein Therapeut es sehr interessant fand, dass mein kleines Ich MICH tröstete und nicht umgekehrt.

Wasser spielt ebenfalls eine große Rolle in meinen „Reisen". Es fühlt sich immer gut an, nie bedrohlich. Ich werde nicht nass, kann unter Wasser atmen, tauchen, schweben und verharren.

Die Passage mit dem vermeintlich fremden Planeten wird noch eine überaus packende, verblüffende Deutung erfahren. Dazu aber erst mehr im zweiten Teil meines Buches, meinem zweiten Klinikaufenthalt.

Tanzen wiederholt sich ebenfalls ständig, was zweifellos mit einem meiner tiefsten Wünsche zusammenhängt. Wie gerne wäre ich Profitänzerin geworden, egal ob Musical, Ballett oder ähnliches.

Zur indischen Tempeltänzerin konnte ich nur herausfinden, dass diese „Devadasis" als Gottesdienerinnen bei Zeremonien auftraten und eine eigene Kaste besaßen.

Als meine Mutter starb war ich im achten Monat mit meiner Tochter schwanger. Ihr Tod traf mich nicht nur in dieser Hinsicht besonders schwer, denn meine Entscheidung zu leben und damit den Kontakt zu ihr schon Jahre vorher vollkommen abzubrechen hatten zur Folge, dass ich mich nur um so verantwortlicher fühlte. Jahrelang litt ich unter Albträumen, zeitweise Bulimie. Wäre ich nicht Mutter geworden, ich weiß nicht, was mit mir passiert wäre.

Ada. Sie kam, mich aus meiner tiefen Traurigkeit herauszuholen. Mein Delfin steht für mich für meinen Verstand. Es ist also nicht verwunderlich, dass ich sie nach der britischen Mathematikerin Ada Lovelace benannte.

Ada bedeutet „die vom Herrn geschmückte". Das wusste ich vorher nicht.

Der helle Raum

Wenn auch diesmal mir als Brunnenschacht dargestellt. Und die Menschen. Gute Menschen. Daran glaube ich.

Sehr schön fand ich auch, dass sich der Kreis der erlebten Geschichte in Afrika-schloss, mit meiner Elefantenkuh und den Stammeskriegern.

Zwischen der Musiktherapie und dem Trance-Training liegen nur zwei Tage. Das ist wenig Zeit zum Erholen bzw. Ordnen und Ergründen, geschweige denn, alles auf-zuschreiben. Es wäre durchaus einfacher gewesen, von Anfang an den Laptop zu be-nutzen. Doch das wollte ich nicht. Skizzen gingen sowieso für mich nur von Hand. Und Notizen ebenso. Davon mal abgesehen, dass ich zu den Therapien nicht mehr als Papier und Bleistift hätte mitbringen kön-nen. Aber selbst zum Niederschreiben voll-ständiger Berichte und Geschichten lag mir emotionell daran, nur Stift und Papier zu verwenden. Es fühlte sich für mich richtig und echt an.

Erst bei meinem 2. Klinikaufenthalt nahm ich die Hilfe einer elektrischen Schreibma-schine hinzu. So fühlte es sich genauso echt an wie von Hand geschrieben. Obendrein war mir während meines 1. Klinikaufenthaltes in keiner Hinsicht bewusst, meine Gedanken und Erlebnisse in Form eines Buches darzulegen.

Bin ich gefesselt, so gehen mir Dinge leicht von der Hand, wie das Schreiben beispielsweise. Von daher genügten mir meine Notizen und Aufzeichnungen völlig. Aus Spaß versuchte ich mich auch irgendwann einmal am Schreiben der Spiegelschrift, was auf Anhieb klappte. Einen beliebigen Text, den ich mir ausdachte, schrieb ich spiegelverkehrt und fand es lustig. Eine sinnlose „Kunst", aber sie erheiterte mich und ein ganz klein wenig fand ich auch, dass es durchaus etwas „künstlerisches" an sich hat und irgendwie half mir das „Spiegelschreiben" sogar, meine Suggestionen zu festigen. Indem ich mir selbst aufmunternde Worte in Spiegelschrift notierte, fühlte ich mich bestärkt.

Gruppentrance, 17.12.2015

„Der Garten"

Auf einer Wiese befinde ich mich,

Ein Blumenmeer ganz bunt. Die Farben versperren mir fast die Sicht, vom Laufen die Füße schon wund.

Ein zaghaftes Plätschern dringt an mein Ohr, sprudelnd frisch und klar. Wie klingende Musik kommt es mir vor.

Ein Bächlein – das ist wohl wahr.

Das Wasser schlängelt sich durch das Gras; Nicht tief, nicht breit. Ich sag zu mir: Ich trau mich was! Bin für eine Abkühlung bereit!

Und weil die Sonne sticht und brennt, springe ich hinein ins kühle Nass, denn Wasser ist mein Element.

Dann geht der Weg weiter, durch das hohe Gras. Ein kleines Wäldchen liegt nun vor mir. Dort steht ein Haus aus Holz – ganz klein. Mein Name steht dort an der Tür, aber ich gehe nicht hinein.

Der Garten ringsherum – er ist zu schön, geheim und wild zieht er mich an.

Davon will ich noch mehr sehen;

Ich verfolge nämlich einen Plan...

Höre auf die Stimme, die zu dir spricht;

Gib dich dem Klang ganz hin.

Daher verfasse ich dieses Gedicht;

Denn was sie sprach, ergab auch Sinn.

Lavendel – wohin das Auge reicht;

Der Duft ist sehr betörend.

Der Boden unter mir – angenehm seicht;

Doch welches Geräusch ist das störend?

Aus der Tiefe des Gartens tritt ein Tier

Hervor. Ich kann es noch nicht erkennen-

Jedenfalls ist es groß wie ein Tor;

Soll ich stehen bleiben oder rennen?

Ein Elefant, kraftvoll und schön;

Er schlendert in meine Richtung-
Sie wird doch nicht vorüber gehen?
Eine sensationelle Sichtung,
was wird noch geschehen?

Ich kenne sie und sie kennt mich;
Alles kann ich sie fragen.
Ich denke wie sie und sie wie ich;
Sie wird mir immer die Wahrheit sagen.

Hier stehen wir beide –
Im geheimen Garten.
Brauchen keine Worte.
Ich muss auf keine Antworten warten-
Und auf keine anderen Orte...

Entspannung!

Diese Trance-Reise war entspannend. Und wieder begleitete mich Goya! Etwas überrascht bin ich schon, denn Goya steht für meine Kraft. Hätte nicht ein anderes Tier, ein anderer Heiler erscheinen müssen/sollen?

Der Garten

Ich sah symbolisch etwas anderes. Das ist meine Erklärung.

Für mich stellte der Garten keine Herausforderung meiner Kräfte dar.

Aber wofür sonst?

Wäre dem so gewesen, dann bin ich sicher, wäre mir etwas/jemand/anderes erschienen...

Der Garten mit meinem Krafttier. So sollte es sein. Warum wollte ich nicht in das Häuschen, obwohl ich doch das Recht dazu gehabt hätte (Name an der Tür?)

Es ist so, wie es ist.

Alles geschieht, wie es sein soll.

Alles was kommt ist richtig;

Alles was kommt ist wichtig.

Keine Ahnung, woher dieser Spruch stammt.

Vielleicht überhöre ich ihn bei der Atemtherapie...

Vielleicht überhöre ich ihn bei einer anderen Therapie...

Aber ich übersehe ihn nicht. Jeden Tag sehe ich ihn, wenn ich mir meine Unterschrift abhole.

Nach der Atemtherapie...

Nach der Muskelentspannung...

Nach dem autogenem Training...

Irgendjemand hat ein Bild gemalt. Und unter diesem Bild diesen Satz geschrieben...

Alles was kommt ist richtig;

Alles was kommt ist wichtig.

Über den Sinn der Worte denke ich oft nach. War alles richtig, was kam? Wird alles richtig sein, was kommt?

War es „richtig", an Krebs zu erkranken?

Brustkrebs.

Die Art und Weise, wie ich damit umging erstaunte auch mich. Denn ich sah meinen Tumor nicht als Feind. Ich sah ihn als Freund. Ich machte ihn mir zum Freund. Fast alle, die mir etwas näher standen waren zutiefst erschüttert:

Auch das noch! Bist du nicht geplagt genug?

Offensichtlich nicht!

Warum erkrankte ich auch noch daran? Meine Depressionen waren zu diesem Zeitpunkt an eine andere Stelle gerückt. Für meine negativen Verstimmungen hatte ich nun keine Zeit, denn ein anderer Eindringling forderte meine Aufmerksamkeit.

Ganz ehrlich. Es ist so, wie mein Therapeut es darlegte (später, als ich in der Klinik war, als wir unsere Gruppentherapie hatten und uns knallhart gesagt wurde, dass Depressionen durchaus stärker hervortreten, umso mehr Gedanken man sich darüber macht, bzw. zu viel Zeit hat, sich darüber Gedanken zu machen. Es ging mir nie besser, als in der Zeit, zu der ich in der Chemotherapie war. Fünf Jahre lang. Ich hatte mich für eine Studienteilnahme entschieden und die Chemo in Tablettenform erhalten und mich gleichzeitig einer Hormontherapie unterzogen.

All das nach der OP, nach der Entfernung meines primären Feindes/Freundes, dem G2 Tumor.

Da kämpfte ich, Seite an Seite mit meinem Krebs, der zwar aus mir herausgeschnitten worden war, den ich dennoch weiterhin in mir spürte. Wie einen guten alten Freund eben.

Wahrlich hatte ich zu diesem Zeitpunkt keine Zeit für „Depri" !!!

Krass, wenn ich darüber sinniere.

Du bekommst eine Krankheit, die dich töten könnte, und dann, ganz plötzlich, ist alles andere akzidentell!

Mein Trauma hat sich in dieser Zeit leider nicht in Luft aufgelöst.

Im Gegenteil. Kaum war ich „medizinisch" geheilt, ging es mir letztendlich psychisch immer schlechter.

Für Außenstehende ist mein jetziger Lebensverlauf durchweg positiv. In den vorbeiziehenden Jahren erreichte ich einen angenehmen sozialen Status.

Ein Traumhaus.

Traumurlaube.

Berufliche Unabhängigkeit.

Eine wunderbare Familie.

Und dann hatte ich doch auch noch den schlimmsten „Feind" überhaupt „besiegt".

Was also, verdammt noch mal, war nur mit mir los?

Musiktherapie, 22.12.2015

Ich atme, bin vollständig konzentriert auf meine Atmung.

Ich befinde mich auf einem Kreuzfahrt-schiff.

Es ist wunderschön, sehr groß, luxuriös. Ich bin auf einer Reise. Ich sitze im Konzertsaal des Luxusliners, vor einer riesigen Lein-wand und bin sehr gespannt auf das, was mich erwartet.

Dann sehe ich ALLES!!!

Alle meine Bilder, filmähnlich, alles, was ich aus sämtlichen Therapien, Sitzungen etc. gesehen habe, laufen noch einmal wie ein einziger Film komplett vor mir ab, in schwarz/weiß.

Im Schnelldurchlauf und doch so langsam, als wäre es im hier und jetzt.

Die schwarz/weiß Darstellung irritiert mich etwas, doch ich bin sehr gespannt auf weiteres und amüsiere mich, ob der anmutenden Darstellung noch etwas anderes folgt...

GOYA!

Ich sitze auf Goya, reite auf ihr!

„Orpheus & Eros" sitzen hinter mir. „Ada" schwimmt neben uns. Gemeinsam ziehen wir Richtung Affenbrotbaum, meinem Baum mit den drei Stämmen die da heißen Körper, Seele und Geist, in dessen Schatten eine opulent gedeckte Tafel steht.

Meine Familie erwartet mich. Allen voran mein Ehemann und unsere Tochter. Sie sind ehrfurchtsvoll mir gegenüber, obwohl sie meine nächsten Angehörigen sind, denn ich bin eben auch die Königin; daher wird mir gehuldigt. Nachdem ich meinen Platz eingenommen habe, wird die Festtafel eröffnet. Ein nie dagewesenes Fest ist eröffnet. Alle sind glücklich, auch ich.

Das Bild verändert sich:

Ich bin ein Licht. Ein Licht in Form einer riesigen Kugel. Eine Kugel, so groß wie die Sonne. Ich explodiere abrupt in unendlich viele Sterne. Zuerst erschrecke ich mich sehr darüber, weil ich im ersten Moment glaube, zerschmettert zu sein, doch dann erkenne ich, dass ich durch das Zerstreuen nur noch „mächtiger" geworden bin, stärker geworden bin, mehr Kraft habe. Denn egal, welchen Stern ich nun zu mir hole, es bin immer ich. Es ist egal, welchen Stern ich nun zu mir hole, es ist immer ein Teil von mir. Zudem kann ich durch diese „Supernova" (tatsächlich heißt eine Sternenexplosion so, auch das wusste ich vorher nicht) jetzt überall sein. Noch weiter, viel weiter als das uns bekannte Universum.

Mir erscheint der „Engel des violetten Strahls" (DER, der für Erlösung steht, der Strahl der Mystiker. Der, der für Menschen steht, die spirituelles Bewusstsein entwickeln...).

Es gibt noch einiges hinzufügen; vorab möchte ich jedoch festhalten, dass sich der Kreis geschlossen hat.

Ich weiß, dass ich mein Be/Unterbewusstsein immer weiter werde öffnen können.

Denn ich bin ich!!!

Dies war –vorerst- meine letzte Musiktherapie. In der ersten und in der letzten Woche des Klinikaufenthaltes ist es nämlich nicht gestattet, an ihr teilzunehmen.

Zugegebenermaßen fand ich den Anfang unspektakulär. Ein Ablauf meines Klinikaufenthaltes. In schwarz/weiß. Allenfalls interessant durch die Tatsache, dass das Ganze auf einem Kreuzfahrtschiff stattfand. Der Therapeut sah es als schönen runden Abschluss. Eine erfolgreiche Therapie. Ein in sich ruhendes „Ende".

Das Fest hatte ich sehr genossen – muss ich zugeben! Sich wie eine Königin fühlen zu dürfen; das hatte was! Und zum Ende gab es dann ja doch noch die gewünschte Überraschung:

Die „Supernova"!

Was soll ich sagen?

Zu diesem Zeitpunkt gab es für mich nicht so viele Varianten der Erklärung. Auch diesbezüglich bekam ich erst während meines zweiten Klinikaufenthaltes anderweitige Hinweise.

Einzelhypnose, 22.12.2015

- Seekrankheit –

Diese Hypnose habe ich mir eigens gewünscht, weil ich gerne auf dem Wasser bin. Im realen Leben. Und es nicht kann, weil ich seekrank werde!

THERAPEUT:

Stellen Sie sich vor, Sie sind auf einem Schiff.

ICH:

Ja, ich bin auf einem Schiff. Ich befinde mich auf einem großen Kreuzfahrtschiff. Ada begleitet mich. Sie schwimmt neben dem Schiff.

THERAPEUT:

Wie ist das Wasser um Sie herum? Wo sind Sie?

ICH:

Ich bin inmitten des Ozeans. Aber das Wasser ist zu ruhig. Ich brauche Wellen. Das Wasser verändert sich, das Schiff beginnt zu schaukeln.

THERAPEUT:

Wie fühlen Sie sich?

ICH:

Ich brauche noch mehr Wellen. Ich lasse einen Sturm entstehen.

THERAPEUT:

Was passiert nun mit Ihnen?

ICH:

Ich werde das Schiffsdeck verlassen. Ich will nach unten, in den Maschinenraum. Ich steige die Stufen hinab und Übelkeit überkommt mich. Ich gehe weiter.

THERAPEUT:

Wie fühlen Sie sich?

ICH:

Mir ist schlecht, aber ich halte es aus. Ich bin nun im Maschinenraum. Eingehend betrachte ich mir die einzelnen Apparaturen.

THERAPEUT:

Wie geht es Ihnen nun? Was passiert nun?

ICH:

Hier ist alles in Ordnung. Die Maschinen laufen tadellos. Es geht mir gut. Ich werde wieder an Deck gehen. Oben erwarten mich viele Menschen. Die Sonne strahlt vom Himmel.

Der Kapitän überreicht mir einen Kranz. Er legt ihn mir um den Hals. Alle applaudieren, weil ich mich nicht übergeben habe. Am Kranz steckt eine Schleife. Auf ihr steht:

HERZLICHEN GLÜCKWUNSCH !

FÜR DIE KOTZFREIE ÜBERFAHRT!

Der Therapeut beendet die Hypnose und setzt meinen „Ankerpunkt".

Er tut dies, indem er mir eine Kugelschreiberspitze in die linke Schulter „piekst". So ist die Anweisung bei aufkommender Übelkeit: Rechte Hand auf die linke Schulter!

Verrückt. Anders kann ich es nicht bezeichnen. Aber was soll ich sagen? Vier Monate später war ich auf Kreuzfahrt – Völlig beschwerdefrei!

Mein 1. Klinikaufenthalt nähert sich dem Ende. Acht Wochen lang durchlebte ich intensive Therapien. Die Weihnachtstage hier verbringen zu müssen machte mir nichts aus. So viel stand für mich auf dem Spiel, so viel war ich bereit zu durchleben. Dann konnte ich auch noch diese Zeit mitnehmen. Es war heimelig.

Man kann sich durchaus „arrangieren", mit einem Fest, das vielleicht nicht der Norm entspricht, aber das einem so viel geben kann. Bald wird sich zeigen, wie viel ich von meinen Erlebnissen und Erkenntnissen in die „wirkliche Welt" mitnehme.

Werde ich dem Alltag gewachsen sein?

Nehmen mich andere anders wahr?

Nehme ich alles anders wahr?

Und wieder habe ich Angst, denn hier bin/war ich in einem geschütztem „Raum". Unter einer geschützten „Glaskugel" sozusagen. Hier konnte ich alles auf mich einwirken lassen. Mich wirken lassen.

Wie wird es nun für mich weitergehen?

Gruppentrance, 23.12.2015

„Die Edelsteinhöhle"

Tritt ein, komm herein, sieh wie es funkelt.
Sie haben Heilkräfte, wird gemunkelt.

Tritt näher und schau, sieh, wie es strahlt.
Von den Wänden ringsherum, wie gemalt.

Tritt vor, keine Scheu, sieh, wie es scheint.
Schon viele haben bei diesem Anblick geweint.

Tritt weiter, nur weiter, sieh, all diese Pracht; und einer davon ist für dich gemacht!

Ein Edelstein, genau wie du.
Trag ihn im Herzen, denn er gibt dir Ruh.

Lass ihn leuchten, ganz tief in dir.

Und er sagt:

Du gehörst zu mir!

Anm.: Ich habe einen Diamanten gewählt, bzw. er mich!

Eine weitere Trance-Geschichte konnte ich zeitlich nicht mehr exakt einordnen, daher platziere ich sie an den letzten Tag meines Klinikaufenthaltes.

Denn das Ende, nämlich meine Abschluss-rede bildeten schließlich den Anfang.

Gelesen wurde sie von einem Therapeuten, mit dem ich während meines Aufenthaltes nicht zusammengearbeitet habe.

Es gibt natürlich viele Therapeuten, mit de-nen ich direkt nichts zu tun hatte. Genauso, wie ich mit sehr vielen anderen Patienten nichts direkt zu tun hatte. Dies bedauerte ich in vielen Fällen. Und war dankbar – in vielen Fällen.

Viele Jahrzehnte eines tiefliegenden Traumata zu bewältigen sind nicht einfach – evtl. sogar unmöglich.

Aber es gibt Wege, „erträglich" damit zu leben. Zu wissen, dass es lebenswert ist, am Leben zu sein; überlebt zu haben.

Meine Geschichte ist meine Geschichte.

Stellvertretend kann sie vielleicht für andere stehen. Auf jeden Fall soll sie Mut machen.

Mut, nicht aufzugeben.

Mut, seine Stimme zu erheben.

Mut, an sich zu glauben.

Mut, zu leben.

Gruppentrance, 24.12.2015

„Die Wolke"

Hoch am Himmel vor langer Zeit,

schwebten zwei Wolken, sonst nichts weit und breit.

Die eine war sehr groß und mächtig. Die andere eher klein und schmächtig.

Eines Tages trafen sie aufeinander und waren zunächst ziemlich durcheinander.

Die Kleine blickte zur Großen empor. In Gedanken die Frage: Was hat sie wohl vor?

Die Große hingegen schaute zur Kleinen hinunter. Dachte bei sich, die ist ja frisch und munter!

Sie wollte gemächlich von dannen ziehen. Blieb aber dann doch noch einmal stehen

War das ein Weinen, das sie vernahm? Ob das wohl von der Kleinen kam?

Sag, kleine Wolke, was hast du denn bloß?

Verrate es mir, was ist mit dir los?

Große Wolke, du hast es gut! Wer so schön ist wie du, dem fehlt auch kein Mut!

Ich aber bin nichts! Und zudem allein! Außerdem bin ich so winzig klein!

Du bist eine Wolke - das stelle ich mal richtig. Von Anfang an warst du immer wichtig!

Komm mit mir mit, wenn es dir gefällt. Wir erkunden zusammen den Rest der Welt.

Eine Vereinigung immer besser hält!

Du meinst, ich darf dich ein Stück begleiten? In die unendlichen, geheimen Weiten?

Doch ich bin nicht so schnell, werde dich verlieren, dann werde ich wieder die Einsamkeit spüren...

Das ist kein Problem, wir werden einfach eins. Es gibt keine Trennung was deins ist-ist meins.

Und ohne Angst schlüpfte die Kleine in die Große hinein und fühlte sich alsbald wohlig und rein.

Jetzt war auch sie endlich mutig und groß. Wunderbar geborgen wie in Mutters Schoß.

Die große Wolke stattdessen, dachte bei sich: Endlich fühle ich mich wieder klar und frisch!

So zogen sie also gemeinsam dahin, als gemeinsame Wolke, mit gemeinsamen Sinn...

2. Klinikaufenthalt

19.09.2016 – 11.11.2016

„Es war richtig, dass ich mich das erste Mal für diese Klinik entschieden hatte. Es ist wichtig, dass ich ein zweites Mal hier bin. Dies waren meine Worte, mit denen ich mich in der „Großgruppe" vorstellte.

Bei der Großgruppe sind alle im Therapieraum versammelt, die Patienten, die Therapeuten und das Pflegepersonal.

Die Neuankömmlinge stellen sich vor, diejenigen, die demnächst gehen, verabschieden sich.

Neun Monate nach der Entlassung meines 1. Klinikaufenthaltes bin ich also wieder hier.

Mutig, sagen die einen.

Bedauerlich, meinen die anderen.

Die Entscheidung fiel mir leicht und schwer zugleich. Leicht, weil ich an das, was ich erreicht hatte glaubte. Schwer, weil ich wusste, dass ich noch lange nicht alles erreicht hatte. Zweifellos, tief aus meinem Herzen kann ich versichern, mein Trauma überwunden zu haben, doch die daraus resultierenden Folgen lassen sich nicht so schnell abschütteln.

Tief in meinem Herzen spürte ich es. Noch immer bin ich eine Gefangene meiner „Schattenwelt". Meine mir offenbarte Stärke reicht noch nicht völlig aus, mich gänzlich zu entfalten. Mein Zweifel umklammert mich weiterhin. Ständig halte ich mir vor Augen, dass ich mich nicht schämen muss.

Endlich vertraute ich. Endlich hatte ich den Mut gefunden, Hilfe in Anspruch zu nehmen. Begonnen mit meinem 1. Aufenthalt hier im vergangenen Jahr. Nun bin ich also ein 2. Mal in der Klinik. Und nein, verdammt nochmal. ICH bin es nicht, die sich schämen muss.

Es soll so sein, dass ich meinen Weg weiter gehe, immer weiter, an diesem Ort, wo alles begann. Mit meiner Hoffnung.

Es hat sich kaum etwas verändert. Mein Ablaufplan weist lediglich eine Neuerung auf:

Qi Gong.

Einen solchen Kurs habe ich schon einmal besucht; privat, außerhalb der Klinik. Ansonsten ist im Grunde alles so, wie ich es kenne. Folglich beginnen meine ersten Tage mit Formularen, Ablaufplänen, ärztlichen Untersuchungen.

Am 2. Tag nach meiner Ankunft ziehe ich, mal wieder ein Kärtchen: „Ich mach mich auf den Weg zum Glück". Das deute ich doch mal als guten Anfang.

Über meine Organisation hinsichtlich aller Notizen, Bildern etc. bezüglich meines 1. Klinikaufenthaltes sind meine Therapeuten angetan. Ich überwinde mich, einige meiner Gedichte vorzulesen und erhalte sehr positive Rückmeldungen. Ausdrücklich werde ich quasi aufgefordert, ermuntert, alles zu einem Buch zusammenzufassen. Beflügelt sitze ich nun tagtäglich an meiner Schreibmaschine und hauche meinen Geschichten bzw. Notizen Leben ein.

Natürlich stelle ich mir vor, vieles besser zu machen. Den Umgang mit den Mitpatienten z. Bsp. Unvoreingenommener möchte ich sein. Aufgeschlossener. Jedoch nicht angreifbar möchte ich sein. Dafür gibt es leider keine garantierte Anleitung. Jeder ist so wie er ist. Niemand kann aus seiner Haut, auch ich nicht und das ist auch in Ordnung. Schließlich sind wir alle Individuen.

Der zweite Aufenthalt. Ich lasse ihn auf mich zu kommen.

Alles was kommt ist richtig.

Alles was kommt ist wichtig.

Der Tagesablauf beginnt, neu und dennoch vertraut. Jeden Morgen mit der Atemtherapie. Das ist meine Disziplin, darin schöpfe ich für das Erste meine Kräfte.

Und dann sehe ich weiter...

Gruppentrance, 22.09.2016

„Sinnfragen des Lebens"

Ergibt es für mich einen Sinn nach dem Sinn meines irdischen Daseins zu fragen? Aus einer Antwort auf diese Frage ergeben sich weitere Fragen...

Ergab meine Geburt für meine Mutter einen Sinn? Für ihre Mutter davor und davor mithin?

Ich selbst habe eine Tochter geboren, wurde dadurch zur Mutter erkoren.

Ein Haus gebaut, viele Reisen gemacht. Ist das der Sinn, das wäre doch gelacht!?

Mein persönliches Glück in der Arbeit gefunden. Träume gelebt – das war nicht erfunden!

Kann ich mit Stolz auf mein Leben blicken? Wie vielen Fehlern kann ich dabei entrücken?

Ist es meine Aufgabe mein Leben in Demut zu (er-) tragen? Mich damit auseinanderzusetzen, ALLES zu hinterfragen?

Wer außer mir hat mein Leben in der Hand? Oder laufe ich mit dieser Einstellung gegen eine Wand?

Wozu soll sie dienen, meine Fantasie? Mit rationalen Erklärungen schaffe ich das nie!

Unlösbar diese Aufgabe/Frage nach dem WESHALB und WARUM. Denn das Leben dreht sich um das LEBEN-DARUM!!!

Schon im letzten Jahr empfand ich das Sportprogramm als Ausgleich willkommen. Eine Stunde lang wird dem Aerobic nicht unähnlich Bewegung in die Muskeln gebracht. Der Körper wird gefordert, der Kopf wird frei.

An manchen Abenden fühlte ich mich zu schlapp, doch nach dem Überwinden stellte ich immer wieder fest, wie befreiend es war. Bis auf wenige Ausnahmen ging ich demnach 3x/Woche in diesen Kurs. Mir kam natürlich auch zu Gute, dass ich schon immer sehr sportlich war. Phasenweise nicht in dem Maße, wie ich es gerne durchgeführt hätte, dazu gab es immer wieder körperliche Einschränkungen. Doch die Freude an Bewegung hatte sich im Laufe der Jahre nicht verändert. Zudem war es die Möglichkeit auch mal andere Mitpatienten zu sehen, mit denen man sonst nicht in irgendeiner Gruppentherapie zusammen kam.

Die Kontaktsperre der kommenden 4 Wochen quält mich nicht. Die Zeit vergeht so schnell. Es gibt so viel zu tun.

Gruppenhypnose, 26.09.2016

Universum.

Licht.

Eine Libelle taucht auf. Meine Libelle.

„Atalanta" schießt es mir durch den Kopf.

Sie will mein Lichtträger sein. Jedes Mal, wenn wir uns einen „Punkt" suchen sollen, stelle ich mir ein Licht vor. Einen Stern, der heller als alle anderen auf mich zukommt.

Atalanta will mein Lichtträger sein. Aber heute brauche ich mein Licht nicht. Ich schwimme in meinem Seerosenteich. Das Wasser ist herrlich, ich atme meine Seerosen. Ich atme meine Farbe.

ER taucht urplötzlich vor mir auf. Er ist gigantisch. Ein Krokodil!

ER erschrickt mich fürchterlich. Und ich wundere mich darüber, wo ER hergekommen sein mag.

Und, wie ER wohl heißen mag?

„Da ist eine Höhle unter dem Teich. Gehe dorthin". Also tauche ich unter und finde sie. Seltsam, so oft war ich in meinem Teich, eine Höhle sah ich nie, hier, unter Wasser, und doch ist sie tatsächlich da. Mittig der Unterwasserhöhle erblicke ich einen Lichtstrahl, der ins Nichts zu führen scheint. Er fasziniert mich, zieht mich magisch an, doch irgendetwas hält mich zurück einzutreten. Daher verlasse ich die Höhle wieder und verharre in der Mitte meines Seerosenteiches. Dort stelle ich fest, dass hinter IHM noch viele Artgenossen aufgetaucht sind. ER ist der Anführer, alle anderen gehorchen IHM.

Und dann passiert etwas. Ein Strom aus Seerosen quillt aus der Höhle an die Wasseroberfläche hervor. Blüten um Blüten, ununterbrochen. So viele, schießt es mir durch den Kopf. So erhalte ich also meinen Nachschub an Seerosen, wenn ich sie „leergeatmet" habe, schießt es mir durch den Kopf. Der Seeblütenstrom indes reißt nicht ab. Mein Teich wird ersticken, es sind zu viele!

Ich brauche nicht so viele auf einmal!

Konzentration.

Konzentriere dich. Was willst du?

Sie zurückschicken!

Alle Blüten, die ich vorerst nicht benötige, sollen zurück!

Und so geschieht es. Der Strom kehrt um.

Angestrengt bin ich wieder im Hier und Jetzt. Wenn mir der Name eines aufgetauchten Krafttieres nicht sofort durch den Kopf schoss, sah ich mich veranlasst, nachzulesen. Bis heute las ich z. Bsp. weder bei Delfin, noch bei Elefant oder dem Löwen oder der Libelle nach, wofür sie stehen.

Aber das Krokodil. Das war sehr unheimlich. ER veranlasste mich, nachzulesen.

Krafttier Krokodil - Schamanischer Krieger. Hilft, die Vergangenheit aufzuarbeiten.

„Sobek" – Krokodilgott aus Ägypten.

Besitzt die Kraft der Schöpfung. Ihm wurde ein Tempel geweiht, in welchem man lernt, seine Ängste zu überwinden, die Vergangenheit zu bewältigen, sich seiner ganzen Kraft bewusst zu werden und Heilung zuzulassen, auch wenn diese manchmal schmerzhaft sein kann. Wenn ein Krokodil eine Wunde geheilt hat, kann diese nie mehr aufreißen! („Imix" – Kultur der Maya). Trägt die Welt auf seinem Rücken. Hat die Kraft, Gefühle zu materialisieren. Steht für Wiedergeburt, Heilung, Transformation, Welt der Ahnen. Außerdem macht es darauf aufmerksam, dass man Botschaften aus der Ahnenwelt erhalten kann, die bei der aktuellen Lebensphase unterstützen können.

Das Krokodil ist ein starker Schutzgeist, der vor neuen seelischen Verletzungen schützt und rechtzeitig vor neuen Angriffen warnt!

Es hilft, tiefsitzende Ängste aufzulösen.

Sobek, meine Namenswahl für mein Krokodil fiel auf Sobek.

Es sollten noch mehrere „Treffen" folgen und ich hatte lange Zeit Angst vor Sobek. Irgendwann hatte ich keine Angst mehr.

Den Namen meines Delfins erklärte ich bereits.

Goya, meine Elefantenkuh, nach dem Maler und Grafiker Francisco de Goya. Seine Werke sind wahrlich „kraftvoll". Wollte ich deshalb, dass mein Krafttier Elefant diesen Namen trägt?

Das Affenpaar Orpheus wusste ich sofort. Doch wie lautete der Name des anderen? Welcher Bezug bestand hier? Das veranlasste mich zugegebenermaßen der Nachforschung.

Orpheus benannte man einen Krater auf dem Asteroiden Eros. Wie passend.

Eros – der Vater.

Orpheus – der Sohn. Mein Affenpärchen sind Vater und Sohn.

Atalanta, der Name meiner Libelle, die mein Lichtträger ist, eine amazonenhafte Heroine, schön, mutig, kräftig, schnell, gewandt.

Autogenes Training, 27.09.2016

Dem autogenen Training habe ich bisher keine Beachtung geschenkt. Entspannend, doch für meine Verhältnisse unspektakulär. Nichts desto weniger wahrscheinlich prägnant. Warum ich dieser Therapie so wenig Beachtung schenkte, liegt wohl daran, dass ich nie „irgendetwas" feststellte, wenn ich sie durchlebte. Natürlich war sie entspannend, eine willkommene Abwechslung zu den anderen, anstrengenden Therapien. Das autogene Training wird direkt gelesen, bzw. vorgetragen. Der Text ist entsprechend etwas variabel.

Meine Aufmerksamkeit lag eher auf den unterschiedlichen Stimmen, den etwas abgeänderten Texten.

Doch einmal, während eines autogenen Trainings, passierte etwas Besonderes:

ICH BLICKE IN DAS FEUER:

UM MICH ZU ERKENNEN!

ICH VERWURZELE MICH

MIT DER ERDE;

UM ZU WACHSEN:

ICH TAUCHE IN DAS WASSER;

UM MICH REINZUWASCHEN:

ICH ATME

DIE LUFT

UM ZU LEBEN

ICH ATME DIE LUFT

UM ZU LEBEN

ICH ATME...

ICH ATME.

Diese Worte, diese Sätze, kamen mir in den Sinn...

Dies wollte ich hören...

Dies sollte ich hören...

Lag es an meiner „Verfassung", oder vielleicht an der Stimme des Therapeuten?

Woran lag es? Ich weiß es nicht. Doch diese Sätze, diese Worte. Sie sind gewichtig für mich. Diese Sätze werden mein persönliches autogenes Training. Diese Sätze gefielen mir.

Diese Sätze waren ICH!

Diese Sätze bin ICH!

Gruppenhypnose, 27.09.2016

Universum.

Lichtstrahl.

Mein zweites ICH verbleibt, während ich eintauche durch das Portal...

An meinen sicheren Ort. Dem Seerosenteich. Ada holt mich auf Zuruf ab. Ich werde zum Delfin. Wir schwimmen Seite an Seite. Begleitet von dem Gefühl der Verbindung zu meinem Lichtstrahl. Dem Lichtstrahl, den ich in der Höhle sah. Dem Lichtstrahl, in den ich mich nicht getraute einzutreten.

Den mir Sobek zeigte...

Der Lichtstrahl ist das Portal, der Eingang zu meinem Unterbewusstsein. Das Tor zu den Antworten auf meine Fragen, oder neuen, anderen Fragen.

Gruppentrance, 27.09.2016

„Hände" -

Und so lege ich meine größte Angst,

den Zweifel in meine linke Hand. Ich bin mein Leben lang davongerannt.

Nun stelle ich mich und bin gespannt.

Was geschieht?

Ich warte geduldig.

Mein Körper zittert.

Mir ist mulmig.

Leichtigkeit.

Das fühle ich.

Keine Spur von Schwere.

Oder täusche ich mich?

Ich zittere weiter – innerlich.

Da ist kein Zweifel.

Sondern ein Zeichen.

Ich soll nicht von meinem Weg abweichen!

Lass weiter los, lass weiter zu.

Dein Körper, dein Geist.

Sie kommen zur Ruh!

Meine Quelle,

dafür frage ich die rechte.

Es ist so erstaunlich.

Was sind das für Mächte?

Sie sind tief in mir, ganz tief verwurzelt.

Sie warten nur darauf,

Dass es an die Oberfläche purzelt.

Die rechte Hand,

sie pulsiert voll Kraft.

Ich kann sie spüren,

diese Macht.

Eine Verbindung stelle ich nun her,

Links und rechts

Das ist nicht schwer.

Ein wohliger Strom fährt durch meinen Körper hinein.

So wohlig,

so bedeutend,

dass ich nun wein...

Atme,

Atme,

sag ich
zu mir selbst.

Es ist nicht nötig,
dass du dich quälst...

Du kennst deine Bestimmung,
du allein.

Und eines Tages,
IRGENDWANN

Wirst du nicht mehr alleine sein...

Musiktherapie, 28.09.2016

Ich atme. Ich bin vollständig konzentriert auf meine Atmung. Ich bin im Weltall. Genauso, wie ich es wollte.

Ich möchte weiter das Geheimnis der „Portale" erkunden. Jetzt, da ich weiß, dass es mir erlaubt ist und mein Geist dafür offen steht. Aus dem Universum erscheint mir der Einstieg am einfachsten.

Also warte ich...

Nicht lange...

Die „Portale" tauchen in Form von Lichtstrahlen auf, wie ich sie zum Teil schon früher sehen durfte. Es sind unendlich viele.

Nur kurz zögere ich.

Dann tauche ich in den ersten Hinein. Es geht sehr schnell und fühlt sich gut an. Erstaunlicherweise lande ich in derselben Zeitachse wie schon einmal während einer Musiktherapie, nämlich in der, als die Erde entstand. (s. M-T., 15.12.2015).

Kurz blicke ich mich um. Es sieht genauso aus wie damals. Da ich diesen Teil schon kenne, lasse ich mich zurückgleiten, um den nächsten Lichtstrahl zu erkunden.

Wie viel Zeit vergangen ist und wo ich mich geografisch befinde, weiß ich nicht, jedoch besiedeln nun Dinosaurier unseren Planeten. Sie sind wunderschön. Ich will mehr sehen!

Also wiederhole ich die Lichtstrahlreise und bin im alten Rom.

Ich sehe weiterhin die ersten Homo sapiens, welche übrigens viel hübscher sind als beispielsweise auf Bildern dargestellt. Was mir die Frage aufwirft, ob ich nicht vielleicht in der Zukunft bin?

Und ich darf einen Blick auf die 30er Jahre werfen – zweifellos in Amerika.

Mir ist klar, diese Zeitreise-Geschichte bietet unendliche Möglichkeiten. Wenn ich es schaffe, einen bestimmten Zeitpunkt an einem bestimmten Ort herauszufiltern, wird es mir möglich sein, durch die Veränderung der Zeitachse, meiner Zeitachse, meine

Sichtweise für das Hier und Jetzt verändern zu können.

Für mich, ohne Einfluss auf andere Personen oder die Entwicklung bzw. Geschichte dieser Erde zu nehmen.

Ich befinde mich nun in einer Wüste. Sand, nichts als Sand. Das Bild verschiebt sich etwas und ich sehe, dass ich noch einmal neben mir stehe. Und noch einmal...und noch einmal...

Eine lange Reihe eigener „ICHS" stehen da. Nach anfänglichem Erstaunen folgt die Erkenntnis: So oft, wie ein „ICH" da steht, so oft war ich schon einmal hier! Das ist fantastisch!

Ich befinde mich in einer Höhle. Es ist dunkel, aber ich kann dennoch alles sehen! Viele Personen stehen um mich herum, oder sind es Geister? Traurigkeit fängt mich ein, tief von innen. Warum fühle ich mich alleine? Immer noch, nachdem ich doch schon so viel erreicht habe?

Du bist nicht alleine!!!!

Nie!!!

Wir begegnen uns ständig.

Wir alle.

Wir spüren es allerdings nur, wenn wir wirklich bereit sind.

Wirklich bereit dazu sind.

Spüre es,

Du KANNST es spüren...

Afrika.

Die Steppe.

Sokrates, er steht vor mir, stolz und wunderschön. Deutlich erfasse ich die unendliche Weisheit meines Löwen. ER steht für WEIT-und EINSICHT. Dies teilte er mir bereits vor einigen Tagen mit, als „ER" mir das erste Mal erschien. Hinzugekommen, zu meinem ersten Krafttier, der afrikanischem Elefantenkuh, meiner Goya.

Anfängliche Bedenken über die beiden als Paar wurden zerstreut. Sokrates versicherte mir, Goya niemals etwas

anzutun. Sie sind füreinander bestimmt.

Durch meine Voraussicht, soll ich lernen,

einzusehen, wie ich meine Kräfte, aufzuteilen habe.

Tief blicke ich in die Augen meines Löwen und finde mich in der Höhle wieder. Die „Geister" sind immer noch da, als hätten „Sie" auf mich gewartet.

Die „Weise" tritt hervor.

Liebevoll ergreift sie meine Hände.

Aufrichtig sieht SIE mich an.

„Du erkennst es immer besser."

Diese Worte hallen mir nach.

Ich erkenne es immer besser.

Ich erkenne es immer besser...

Das Schloss!

Sofort erkenne ich es wieder!

(M-T, 08.12.2015)

Als Dirigent stehe ich auf der Bühne. Dann sehe ich, dass ich ebenfalls der erste Geigenspieler bin...und auch der 2. Geigenspieler. Alle anderen Instrumente werden ebenfalls von mir gespielt!

Genial, denke ich, wie vielseitig ich doch bin! Meine anfängliche Euphorie wird jedoch jäh getrübt. Meine Arme beginnen fürchterlich zu schmerzen, ebenso mein rechtes Bein. Zunehmend steigert sich meine Erschöpfung.

Das werde ich so nicht mehr lange durchhalten können – alles auf einmal, schießt es mir durch den Kopf. Das ist zu viel! Ich muss eine Entscheidung treffen!

Und ich entscheide mich:

Ich will ausschließlich der Dirigent sein! Goya und Sokrates tauchen Seite an Seite auf. Ich fühle mich fantastisch!!!

Ein Raumschiff, ein Ufo, etwas anderes?

Jedenfalls reise ich durch das Universum.

Leuchtende Wesen bewegen sich um mich herum. Eines davon tritt an mich heran.

Es teilt mir etwas mit. Ich nehme Kontakt auf. Nicht verbal. Das ist nicht nötig. Wir kommunizieren auf einer anderen Ebene.

Noch nicht, noch nicht, teilt mir das

„Leuchtwesen" mit. Du gehörst zu uns, aber zu einer anderen Zeit.

Alles löst sich auf.

Die Wiese.

Hierher gehöre ich.

Vorerst.

Anm. :

Nach dieser M-T bin ich vollkommen erschöpft. Physisch und psychisch. Jede Therapie erscheint mir tiefer. Das ist einerseits das, was ich mir wünsche, andererseits kostet es viel Kraft. Sehr viel Kraft. Es hat auch zur Folge, dass ich mich nicht immer ungezwungen eingliedern kann. Diverse Gespräche erscheinen mir uninteressant. Und gleichzeitig fühle ich mich unverstanden – und unendlich alleine.

Wie soll ich auch erklären, was in mir vorgeht? Wie schlüssig ich alles für mich sehe?

Jeder kämpft letztendlich für sich und so versuche ich, mein „Abgrenzen" als einen weiteren Therapieansatz zu sehen.

Es ist schwer, denn schon immer hatte ich das Gefühl, dass nur „meine" Geschichten, nur das, was speziell ICH! zu sagen habe, niemand hören möchte. Dass ich ständig übergangen werde. Als läge es einzig an meiner Person, nicht „gewollt" zu sein. Ausgeschlossen zu sein.

Ob als Kind beim Spielen, das in keine Gruppe gewählt wird. Später, als Teenager, dem jede Cliquenzugehörigkeit verweigert war. Im Job, regelrecht verhöhnt bei den Kollegen.

Wie sollte ich mich je wie KEIN NIEMAND fühlen?

Gruppentrance, 29.09.2016

„Lasten"

Es ist noch gar nicht so lange her,

da trug ich eine Last, die war unglaublich schwer.

Sie machte mich wütend und traurig zugleich. Für mich gab es nur noch das „finstere Reich".

Tränen waren zudem mein ständiger Begleiter;

Ich fragte mich oft: „Werde ich jemals Heiter?"

Die Last, sie erdrückt mich – ich kann nicht mehr weiter…

… leben mit all diesem schweren Gepäck.

Wozu lebe ich? Zu welchem Zweck?

Ein Jahr ist vergangen, seit das Wunder Geschah. Dass ich für mich eine eigene Lösung sah:

Mein „echtes Wesen" – es ist endlich da! Heute wird mir eine wichtige Frage gestellt: Bist du wirklich bereit für diese Welt?

Kannst du für dich sagen, du bist befreit? Von all deiner Last? Ist es wirklich soweit?

Und voll der Erwartung platziere ich ihn, den Tresor – zum Befüllen???

Dort soll alles hin...

Mein Krokodil erscheint und fackelt nicht lang. Es reißt sein Maul auf, mir wird fast Angst und Bang...

schnappt es zu und Schwupps, weg ist der Kasten! Vor Freude könnte ich doch glatt ausrasten!

Just hat das Krokodil nun einen Umschlag gezückt. Ich weiß, das klingt alles ziemlich verrückt. Eine Karte für mich, für mich ganz allein. Das muss wahre Krokodilliebe sein!

Zwei Wörter, die mich vollends befreien:

HERZLICHEN GLÜCKWUNSCH !!!

Erlöst. So soll es sein!

Es erstaunt mich immer wieder, welche Bilder während einer Trance bei mir entstehen. Wie sich eine Geschichte verselbstständigt und dadurch meine ganz eigene Geschichte wird. Mit Botschaften, die für mich bestimmt sind. Die es gilt zu ergründen, um erwartungsvoll zu hoffen, dass dies die Geschichte ist, die meinen weiteren Weg weist.

Das Hineinhorchen in sich selbst.

Jeden Tag – fast ständig.

Bin ich das wirklich?

Kann ich das wirklich?

Darf ich das wirklich?

Es erscheint zu schön, um wahr zu sein; fast zu einfach.

Dass es nicht einfach ist beweist jedoch mitunter die Tatsache, dass ich ein zweites Mal hier bin.

Ich darf nicht in negative Spekulationen verfallen. Der Weg des Lebens wird immer steinig sein. Niemand kann ihn für dich gehen. Ich darf auch weiterhin ab und zu traurig sein. Ich darf jedoch nicht an meiner Schattenwelt festhalten.

Ich habe eine Zukunft. Ein Leben, das mich sehr zufrieden machen kann. Ein Leben, in dem ich Träume lebe und Sehnsüchte erfülle.

Noch am selben Tag kam wieder eine Karte ins Spiel:

ICH BEGEBE MICH IN DIE NÄHE VON MENSCHEN DIE MIR GUTTUN!

Das möchte ich! Doch woher soll ich wissen, wer mir guttut? Oder reicht die intuitive Entscheidung Menschen zu meiden, von denen ich glaube, dass sie mir nicht guttun?

Am liebsten möchte ich mit meiner Familie zusammen sein. Mit meinem Mann und mit unserer Tochter, die allerdings leider sehr weit weg lebt.

10 Tage sind vergangen. Genügend Zeit also, nichts zu überstürzen. Ich habe ein schönes Einzelzimmer, mit eigenem Bad und meine „Arbeit". Mein Projekt, welches nach und nach Formen annimmt und vielleicht wirklich ein Buch werden könnte.

„Denken Sie daran, dass Sie jemandem Mut machen könnten. Mit Ihren Geschichten. Mit Ihren Erfahrungen, die Sie hier machen. Ist das nicht ein schöner Gedanke? Auch für uns, die Therapeuten, sind Ihre Darlegungen bedeutsam."

Etwas wie Stolz, nein, Ansporn regte sich in mir, als mir mein Therapeut dies mitteilte. Es treibt mich an. Beflügelt mich regelrecht, wenngleich ich es mir nicht „wirklich" vorzustellen vermag, anderen Menschen Mut zusprechen zu können.

Ohne es zu wollen schleichen sie sich ein – die kleinen „Zweifel". Manchmal habe ich das Gefühl, ich denke einfach zu viel. Manchmal wünsche ich mir, keine Gedanken zu haben.

Aber dann wäre ich nicht am Leben.

Einzeltrance, 30.09.2016

„Ahnenreise"

Schwebend in der Galaxie, um mich herum mein Leben. Eine Bilderfolge, die sah ich sonst nie. Das war mir bisher nicht gegeben. Wie ein Karussell umtanzen sie meiner. Voll Staunen folgen meine Augen dem Spiel. Manchmal werden sie größer, dann wieder kleiner.

Es ist derer ziemlich viel.

Im Arm meiner Mutter liegend,

die ersten Schritte.

Hin und her wiegend.

Eine leise Bitte.

Der helle Raum,

eine einzige Zuflucht.

Es ist wie im Traum.

Eine endlose Sehnsucht.

Das Land meiner Ahnen,

unendliches Land.

Sie wollen mich mahnen,

ich hab`s nie gekannt.

Steppe, Felsen und eine Bisonherde,

der Duft der Gräser, wärmende Sonne,

auf das ich eins werde, mit dieser Wonne.

Dort eine Höhle, ich trete heran.

Wann tauchte sie auf?

Nicht wichtig,

es war wohl irgendwann.

Ich steige den Felsen hinauf...

Am Eingang – ein erster Blick hinein. Malerei an den Wänden, ich sehe sie.

Dieses Licht, das da leuchtet – ist es Kerzenschein?

Indianische Bilder – so deute ich sie.

Meiner Kleidung entledigt trete ich vor,

ein neues Gewand. Der Eingang der Höhle, ein großes Tor.

Unter meinen Füßen weicher Sand. Keine Kerzen, sondern ein Lagerfeuer. Meine Großmutter im Kreise.

Ist das noch geheuer?

Ich spüre, sie ist unendlich weise.

Sieh kleine Tochter, sieh an die Wände.

Sie sind alle hier.

Wir reichen uns die Hände.

Ich gehöre zu ihr.

Nur Gesichter, verschmolzen im Stein.

Meine Augen sind gebannt.

Auch ich will dort sein;

Bin ich doch immer weggerannt.

Die Weise führt mich nun

Eine Felsspalte entlang.

Eine weitere Höhle, was soll ich tun?

Dies war ein schwerer Gang.

Gegenstände, sie liegen dort.

Persönliche Dinge – viele.

Hier. An diesem magischen Ort.

Ununterbrochene Liebe.

Welches wählen?

Es sind so schöne Sachen.

Was wollen sie mir erzählen?

Was soll ich damit machen?

Ein Tomahawk zieht mich magisch an;

Meine Arme jedoch zu schwer.

Ich stehe unter einem Bann.

Halten – das geht nicht mehr.

Noch fehlt die Kraft, die ist wichtig.

Der größte Krieger,

dann ist es richtig,

dann bist du Sieger…

Ersatz für das Warten darauf.

Ein Amulett.

Mein Herz geht auf.

Umgelegt durch die Hände der Weisen,

der Stein daran.

Ich soll weiterreisen...

Und wiederkommen,

Irgendwann...

Diese Trance war unglaublich!

Wunderschön, kraftvoll, extrem, aufwühlend, erkenntnisreich, glückselig.

Heftig, nicht nur in den Bildern, die sich mir offenbarten...

Es war eine Reise zu meiner Familie, einem Teil meiner Familie, die ich nie kennenlernen durfte.

Die ich nie kennenlernen konnte.

Im ersten Teil war ich im Universum. Im Dunkel, das irgendwie trotzdem hell war.

Das Karussell.

Als stünde ich inmitten meines Lebenskarussells.

und als sähe ich mein Leben in einer Bilderfolge an mir vorbeigleiten. Mein Leben umkreiste mich in vielen einzelnen Bildern. Mein Leben, eingefangen in jeder einzelnen Momentaufnahme. Bilder, an die ich mich nicht bewusst erinnern kann/konnte. Oder auch nicht erinnern wollte. Stationen meines Lebens – ob sie nun tatsächlich stattfanden oder auch nicht.

An zärtliche Nähe zu meiner Mutter erinnere ich mich nicht. „Hin und her wiegend, eine leise Bitte"...Nichts hätte ich mir je mehr gewünscht, als die Erinnerung mütterlicher Wärme. Eine Erinnerung – nein, die Gewissheit daran, dass meine Mutter mich als ihre Tochter liebte. Zeit meines und ihres Lebens jedoch darüber im Unklaren blieb.

Die Wurzeln meiner Herkunft. Sie spielen eine wichtige Rolle. Es ist unmöglich, sie abzustreifen, sie zu leugnen, wie ich es früher tat, mich schämte, fremdländisch auszusehen und dafür verspottet wurde.

Es ist unwichtig, die Personen meiner Blutlinie nicht persönlich zu kennen.

Ich lerne sie JETZT kennen!

Durch die Gene, die ich in mir trage. Meine Ahnen und ich, wir sind ewig verbunden und ich lasse diese Verbundenheit zu!

Meine Großmutter väterlicherseits war eine Navajo-Indianerin und sie nahm Kontakt mit mir auf.

Es war real. Es war mir möglich durch die Zeit zu reisen und einen Teil meiner Ahnen kennenzulernen. Und sie nahmen mich an. Als ihre Nachfahrin, ihre „kleine Tochter".

Gibt es sie wirklich, jene ganz bestimmte Höhle? Daran glaube ich. Beweisen kann ich es nicht. Niemand könnte mir allerdings auch das Gegenteil beweisen.

Diese innige Verbundenheit –man kann sie nicht erfinden meiner Meinung nach. Nicht einfach so. Ich brauche sie auch nicht erfinden, denn ich bin ein Teil davon.

Tiefe Dankbarkeit erfüllt mich.

Ich habe Wurzeln.

Stärker, als ich es je zu träumen vermacht hätte...

Am selben Tag ziehe ich folgende Karte:

IM GROSSEN SCHWEREN KANN ICH AUCH DAS KLEINE LEICHTE SEHEN!

Gruppenhypnose, 01.10.2016

SOBEK.

Sobek will mir etwas zeigen. Ich sitze am Ufer meines Seerosenteiches und er kommt langsam aus dem Wasser auf mich zu. Ich habe keine Angst. Auch nicht, als er sein Maul öffnet und mich vorsichtig aufhebt. Sachte lässt er uns zurück ins Wasser gleiten. Wir schwimmen Seite an Seite. Das Wasser ist ungewöhnlich trüb.

Nur weil Sobek spürbar neben mir ist, kann ich mich orientieren. Was will er mir zeigen? Wo führt er mich hin?

Die Reise endet im Universum.

Dann bin ich wieder im Seerosenteich.

Was hat er mir gezeigt? Oder hatte er es sich anders überlegt? Weitere Krokodile sind nun ebenfalls im Seerosenteich. Sie sehnen sich nach Liebe und ich füttere sie mit meinen Seerosenblättern. Sie sind so vorsichtig und zart, wie man es bei Krokodilen nicht für möglich halten könnte.

Eine Erklärung aus dem Erlebnis dieser Hypnose stelle ich so für mich dar:

Ich soll weiter an mich glauben, an meine Kraft glauben. Vielmehr an meine Kräfte, die sich in all meinen „Krafttieren", meinen „Helfern" und „Heiler" widerspiegeln. So wird es mir möglich sein zu sehen (mich zu sehen), zu erkennen (mich zu erkennen). Das trübe Wasser, in welchem ich mich durch Sobek orientieren konnte. Wenn ich nur weiter an mir festhalte.

Und im Universum warten alle Antworten auf mich!

Am nächsten Morgen überbrücke ich mir die Zeit bis zum Frühstück mit Musik. Völlig entspannt auf dem Bett liegend.

Sobek taucht auf und wiegt seinen gewaltigen Kopf hin und her. Gemeinsam wiegen wir im Takt der Musik. Oben, vom Felsen, der sich über meinem Seerosenteich erstreckt. Wir blicken gemeinsam auf das Wasser, wo sich die anderen Krokodile träge im Wasser suhlen. Sobek fordert sie auf, mir eine Tanzrevue darzubieten. Nach ein paar Versuchen schaffen sie tatsächlich eine passable Choreografie.

Let`s Dance, kann ich da nur sagen...

Musiktherapie, 04.10.2016

Ich atme. Ich bin vollständig konzentriert auf meine Atmung...

Als mein kleines Ich stehe ich auf einer Straße wo armselige Verhältnisse herrschen. Die örtlichen Gegebenheiten lassen mich eine Zeit um das 18. Jahrhundert oder sogar früher vermuten. Die Umgebung beginnt sich plötzlich zu verändern. Wie im Zeitraffer verschwimmt alles um mich herum. Ohne Zweifel wird hier binnen kurzer Zeit eine große Stadt entstehen.

Unerwartet spüre ich, dass eine Gestalt hinter mir auftaucht. Sie ist groß, greift mich und trägt mich davon.

Mir wird kalt...

Ich sehe mich wieder als Dirigenten – und zwar ausschließlich als Dirigenten.

Ich habe gelernt.

Ich bin selbstbestimmend, ohne mich unter Druck zu setzen (s. Musiktherapie vom 28.09.2016).

Das Land meiner Ahnen.

Ich bin ein Krieger und meine Sippe ist vollständig um mich versammelt.

Vielleicht bin ich sogar der Häuptling. Licht. Ruhe. Eine Stimme in meinem Kopf: „Genieße den Frieden, den du mit dir geschlossen hast!" Unendliche Leichtigkeit umhüllt mich.

Helles Licht .

Meine Familie ist bei mir. Es ist die reinste Form der Glückseligkeit.

Tränenüberströmt kehre ich in den Raum zurück.

Wer war/ist diese Gestalt, die mich packte?

Wo genau befand ich mich?

Verwirrung.

Es wird eine Antwort geben.

Dessen bin ich mir sicher.

Qi Gong

Der leitende Therapeut – ein bekanntes Gesicht, u.a. aus der Ausdruckstherapie.

Wir werden in die Grundlagen dieses Kurses eingeweiht. Unsere Gruppe ist recht groß, der Raum relativ klein, daher freut es mich, dass wir im Garten „arbeiten" werden. Sofort streife ich meine Schuhe ab. Meine Füße im Gras, die Sonne auf der Haut. Die Übungen fallen mir leicht. Es fühlt sich für mich an, als „passe" Qi Gong zu mir.

Ich fühle.

Scheinbar sieht man es mir an, denn später werde ich von Mitpatienten des Öfteren aufgefordert, Übungen mit ihnen zu machen. Qi Gong sollte täglich auf dem Programm stehen...

Gruppentrance, 06.10.2016

Der innere Arzt"

Auf einer riesigen Trommel hernieder, leise Gesänge immer wieder.

Vibrationen sanft entfacht. Mein Körper in Schwingung gebracht.

Helles Licht schwebend, pulsierend, bebend. Im Gleichklang gemeinsam, nie alleine, nie einsam.

IN MEIN INNERES...

Pupillen verhangen, Durchblick gefangen

Verwischen, klären. Weitsicht gewähren

Klar der Verstand, in Gedanken verrannt

Klarer das Unverstandene, das nicht sichtbar vorhandene

IN MEIN INNERES...

Das Herz, kein Schmerz. Erblüht und rein

Zeitlebens mein.

ICH BIN...

Diese Trance-Geschichte ist eine der längeren, die –wie alle- von einem Therapeuten direkt gelesen werden.

Sie gilt als sehr anstrengend, anspruchsvoll und der Text wird nicht an die Patienten weitergegeben, da der Umgang mit „Eigentrance" nicht zu unterschätzen ist.

Es mag verwundern, dass aus solch einer langen Geschichte „nur" ein verhältnismäßig kurzes Gedicht entstanden ist, doch es spiegelt exakt meine durchlebte Gefühlswelt während dieser Stunde wider.

Da ich –wie erwähnt- mich nun mal entschieden hatte, Trance-Geschichten in Gedichtform niederzuschreiben, versuche ich, mit meinen gewählten Worten die entsprechende Tiefe meiner Gefühle auszudrücken.

Ich kann also sagen, dass ich meine durchlebte Trance-Reise „abkürze".

Während ich auf der riesigen Trommel lag, war ich von vielen Menschen umgeben. Und während diese Menschen mit ihrem Gesang die Trommel zum Schwingen brachten, wurde ich ins Universum katapultiert.

In meinen hellen Raum, in welchem keine Zeit existiert, in welchem alle meine Fragen beantwortet werden können und ich mir über nichts Gedanken machen muss.

Nur zulassen, und dann, wenn ich mich loslöse von rationalem Denken, Antworten erhalten werde, um zu erfahren, wer ich wirklich bin. Was ich bin. Warum ich bin.

Gruppenhypnose, 07.10.2016

Ich bin in meinem Seerosenteich. Langsam lasse ich mich auf den Grund gleiten. Sachte berühren meine Füße den Sand. Das Wasser ist so schön warm und klar.

Dort, wenige Schritte von mir entfernt, liegt ein Umschlag. Was wird drin sein? Welche Nachricht wird mir zukommen?

Erwartungsvoll öffne ich ihn:

Zwei Wörter:

NIE AUFGEBEN!

Mit dem Brief in der Hand steige ich wieder an die Oberfläche. Überall hängen Schilder in der Luft, schwebend, auf und ab hüpfend, und auf jedem steht dasselbe:

NIE AUFGEBEN!

Jauchzend der Wonne, die meinen Körper durchstreift, habe ich die nächste Ebene erreicht!

Dieser Satz fiel mir sofort in den Sinn, als ich aus der Hypnose „zurückkehrte".

NIE AUFGEBEN!

Das war mir klar. Doch dass ich diese Worte nun derart deutlich zugetragen bekomme! Ganz fest will ich an mich glauben.

Gäbe es nur nicht die „Schattenwelt". Sie lauert. Sie wartet. Sie hat sich nicht vollständig aufgelöst.

Wird sie es je?

Oder bleibt nur die Wahl, sie ständig unter Kontrolle zu halten?

Und werde ich gänzlich gewiss sein können der Dirigent zu bleiben?

Gruppenhypnose, 08.10.2016

Ich trete in die Höhle ein (s. „Ahnenreise" v. 30.09.2016).

Das Lagerfeuer, welches damals brannte, ist längst erloschen und der Geruch der kalten Asche hängt in der Luft.

Unwirklich, dass hier vor kurzem noch meine Großmutter saß.

Ich gehe weiter, ich will in die 2. Höhle. Der Weg dorthin erscheint mir wie ein endloser Tunnel. In mir leuchtet mein Licht, mir ist etwas schwindelig, aber ich schaffe es, diesen magischen Ort zu erreichen.

Die Gegenstände stapeln sich in der Mitte der Höhle. Mein Amulett beginnt nun auch zu leuchten und wie von Zauberhand wandern all die schönen Dinge an die Wände.

Nur der Tomahawk verbleibt in einem großen leuchtenden Kreis.

Ich greife nach ihm und halte ihn tatsächlich in den Händen.

Er hat viel gesehen und erlebt. Ich spüre es. Er ist schon sehr lange in „unserem" Besitz.

Blut sickert nun aus dem Stiel und tropft über meine Hände.

Es bildet sich eine große Lache vor meinen Füßen. Diesem Blutsee, der um mich herum immer größer wird, entsteigt

Sobek.

Er beginnt, mich zu umkreisen…

Meine Erinnerung reißt ab. Aufgewühlt bin ich wieder im hier und jetzt. Sie ging weiter, meine Geschichte. Wie aufgefordert kehrte ich also in die Höhle zurück. Alleine, dennoch begleitet durch die spirituelle Anwesenheit meiner Ahnen.

Und ich durfte ihn endlich halten, den To-mahawk. Welches Blut floss aus ihm heraus? Blut unzähliger Opfer? Meines?

Sobek. Er war es, der diesem Blutsee entstieg. Zu gerne hätte ich erlebt, wie die Geschichte weitergeht. Es sollte nicht sein und ich konnte es auch nicht erzwingen. Bedroht fühlte ich mich nicht, dennoch durfte ich nicht mehr sehen.

Das Unterbewusstsein lässt nur so viel zu, wie für den Moment der Trance erträglich.

Ich sollte nicht mehr sehen!

Ungeduld ist generell ein sehr überflüssiges Empfinden der Menschen. Ständig hadern wir, obgleich der Verstand uns das Richtige mitteilt. Hier in der Klinik hadere ich nicht. Der „Leitspruch", der mich seit meinem ersten Aufenthalt begleitet, büßt nichts von seiner Präsenz:

Alles was kommt ist richtig, alles was kommt ist wichtig!

Die vielen „Weisheiten", „Zitate" usw., über die ich förmlich stolpere und zum Nachdenken anrege; und wie „passend" ich jeweils darüber stolpere!

„Der Weg kann nur beschritten werden, wenn man selbst der Weg ist."

(Buddhistische Weisheit)

Musiktherapie, 11.10.2016

Ich atme. Ich bin vollständig konzentriert auf meine Atmung.

Die Wüste. Eine Karawane marschiert ihres Weges. Es ist eine Elefantenkarawane. Ihr Ziel ist eine Stadt.

Ägypten. Ich erlebe die Geburt Sobeks. Er schlüpft, dem großen Anführer entsprechend, als erster aus seinem Ei. Nach ihm folgen die anderen.

Nun sehe ich mich. Das kleine Ich steht traurig da - Auf einem Weg - Allein. Ich fühle mich einsam, ungeliebt, unbeachtet, überflüssig. Da ist niemand, der mich mal in den Arm nehmen würde. Ich bin doch noch so klein, ein kleines trauriges Mädchen. Ich trete an mich heran und zeichne mir Sobek vor meinen Füßen in den Sand. Der große schamanische Krieger wird mir beistehen. Das kleine Ich braucht Sobek.

Wir sind an einem anderen Ort. Wir sind im Urwald, wo wir uns das erste Mal begegneten (s. Musiktherapie v. 15.12.2015).

Wir sitzen uns gegenüber.

„Du sollst wissen, dass wir verzeihen werden, auch wenn du es jetzt noch nicht verstehst. Sie wird immer weitergegeben. Die WAHRE LIEBE wird immer weitergegeben!"

Ich greife meine kleinen Hände und zeige mir die Familie, die ich einmal haben werde.

Mein kleines Ich ist furchtbar traurig.

Ich nehme mich ganz fest in den Arm, streichele mir über den Kopf und flüstere mir zu:

„Es dauert nur einen Wimpernschlag!"

„Nur einen Wimpernschlag!"

Wir sind an einem anderen Ort. Wir sind an unserem sicheren Ort, dem Seerosenteich. Mein kleines Ich kuschelt sich an Sobek. Mit einem Mal entdeckt mein kleines Ich unsere Höhle. Neugierig möchte sie sie erkunden, doch der Eingang wird ihr verweigert. Noch fehlt ihr die Kraft dazu!

Das kleine Ich kehrt in seine Zeit zurück aber es ist nicht mehr alleine.

Vor mir (als kleines Ich) sehe ich das Bildnis Sobeks. Hinter mir taucht ein gewaltiger Schatten auf. Es ist ein Kodiak! Das war also die Gestalt, die mich damals packte und davontrug (s. Musiktherapie v. 04.10.2016). Ich weiß es einfach, jetzt weiß ich es. Ein Kodiak. Mein Kodiak.

Ganz sicher bin ich mir, denn was ich über dieses Krafttier nachlese trifft mich wie ein

Schlag. Im positiven Sinn. Der Schlag der Erkenntnis sozusagen.

„Bär" – schamanisches Krafttier

Mächtiger Heiler

Indianische Kultur = Beschützer

Feuer   =   der Geist

Erde   =   der Körper

Wasser =   das Blut

Luft   =   der Atem

Das ist genau das, was ich am 27.09.2016 nach dem autogenen Training aufschrieb; zwei Wochen vorher also.

Diese Sätze:

Ich blicke in das Feuer um mich zu erkennen. (meinen Geist)

Ich verwurzele mich mit der Erde um zu wachsen. (mein Körper)

Ich tauche in das Wasser um mich reinzuwaschen. (mein Blut)

Ich atme die Luft um zu leben. (mein Atem)

Mir stockte förmlich der Atem, als ich die Worte verglich. Woher kannte ich sie? Meine Gedanken überschlugen sich. Die Erklärung lieferte ich mir selbst.

Dieser Bär, dessen Name mir bis dato nicht genannt wurde, ist das Krafttier, welches mir als kleines Mädchen erschien. Es erscheint mir absolut logisch, dass in meiner unendlichen Pein die mir widerfuhr, sich dieser „Heiler" mir offenbarte.

Ferner bin ich mir sicher, dass auch er es war, der mir diese Worte zusprach. Daher wusste ich sie, hatte sie immer schon in mir getragen, jedoch schlichtweg vergessen.

Der Kodiak ist somit mein allererstes Krafttier. Das meines kleinen Ichs. Sicher hat er auch einen Namen. Ein Name, den ich ihm damals gab. Irgendwann werde ich ihn wieder wissen. Er ist die Antwort auf die Frage, die mir einer meiner Therapeuten stellte, nachdem ich meine Geschichte erzählt hatte: „Wie haben Sie überlebt?"

„Indem mich mein Krafttier schützte!"

Diese Offenbarung ist so wunderschön, dass ich lache und weine zugleich.

Tränen enden nie. Sie sind ein Zeichen von Stärke. So hörte ich es einmal. Als Kind durfte ich nicht weinen. Im Nachhinein betrachtet könnte ich die „ungeheuerliche" Theorie aufstellen, dass meine Eltern deshalb nicht wollten, dass ich weine. Dieser Gedanke widerstrebt mir; andererseits bietet er meiner Seele eine plausible Erklärung. Im Übrigen kenne ich niemanden, bei dem es ebenfalls so gewesen ist. Für Tränen geschlagen zu werden. Aber lange Zeit kannte ich ja auch niemand anderen persönlich, der als Kind ähnliches erlebt hatte wie ich.

Schreckliche Gedankengänge verzögerten das Schreiben dieses Buches.

Auf gar keinen Fall möchte ich andere Menschen dazu veranlassen, mich zu verachten oder meine Niederschriften als Spinnerei abzutun. Dabei denke ich insbesondere an die wenigen, die mir noch an nächster Verwandtschaft verblieben.

Immer wieder schoss mir durch den Kopf, dass sie sich von mir abwenden könnten, dieser Teil meiner Familie, zu denen ich mehr oder weniger Kontakt habe. Die Sichtweise meiner Liebsten, meines Ehemannes und unserer Tochter jedoch, überzeugten mich letztendlich.

Es ist meine Geschichte, nach Jahrzehnten niedergeschrieben. Und wer sie vorher nicht kannte (in meinem Bekanntenkreis beispielsweise) kennt sie eben jetzt. Punkt.

Außerdem erlebte ich schon in der Vergangenheit ausreichend Erfahrung mit dem Thema „Abwendung angeblicher Freunde in einer Notlage". Zuletzt bei meiner Krebserkrankung. Tatsächlich „verlor" ich in dieser Zeit vermeintliche Freunde. Können wohl kaum Freunde gewesen sein? Oder?

Weit weg erscheinen mir die Fragen nach dem wieso und weshalb von damals. Viel spannender ist das hier und jetzt. Und damit meine ich meine Therapien.

Bei einer unserer Einzelsitzungen fragt mich mein Therapeut, ob ich noch eine EMDR-Hypnose in Betracht ziehe. Darüber hatte ich mir gleichwohl Gedanken gemacht. Wir beginnen folglich mit der „Abfrage" meines Unterbewusstseins. Dafür nehme ich die erforderliche Haltung ein und konzentriere mich. Der Therapeut fragt mein Unterbewusstsein, ob ich mit dieser Hypnose einverstanden wäre. Mit dieser speziellen Hypnose, bei der ein Bild aus meinem Gedächtnis „gelöscht" werden soll (s. EMDR v. 14.12.2015).

Die Konzentration fällt mir unerwartet schwer. Das kenne ich von mir nicht. Nichts desto weniger muss ich mir eingestehen, die Antwort mir schon selbst gegeben zu haben. Aber ich will mir sicher sein.

Sokrates erscheint. Wer sonst? Er steht für Weit- und Einsicht. Niemand anderes eignet sich besser für diese Aufgabe.

Er ist wütend. Das sehe ich sofort. Er kommt bedrohlich auf mich zu. Am liebsten würde ich abbrechen, doch das kommt nicht in Frage. Es ist noch nicht zu Ende.

Dieses wütende Gesicht meines Löwen macht mir Angst. Nie zuvor hatte ich mich vor Sokrates gefürchtet. Nur noch wenige Schritte von mir entfernt, schlägt er seine gewaltige Pranke in den Boden und schleudert mir Staub und Sandkörner ins Gesicht.

Es ist unmissverständlich. Dennoch erscheint nun Goya auf der Bildfläche und beginnt eine Diskussion. Das Paar, das ein ergänzendes Duo meiner Krafttiere bildet, liefert sich ein Wortgefecht!

Erstaunt verfolge ich die Auseinandersetzung – und mein Körper reagiert.

Wir wissen nun Bescheid. Mein Therapeut und ich. Es soll keine EMDR-Hypnose zu meinem auserwählten Bild geben.

Tief im Innern wusste ich es, und mein Therapeut hatte es ebenfalls gewusst.

Musiktherapie, 18.10.2016

Ich atme. Ich bin vollständig konzentriert auf meine Atmung.

Ich bin die Hauptdarstellerin in einem alten schwarz/weiß Film, eventuell eine Hollywood-Schauspielerin, so Mitte/Ende der 1920er Jahre. Da es ein Stummfilm ist, agiere ich sehr theatralisch, um meine Emotionen entsprechend auszudrücken, denn obwohl ich den Text wirklich spreche, ist mir durchaus bewusst, dass die Zuschauer meine Worte später nicht hören werden, sondern lediglich als Untertitel lesen...

Ein abrupter Wechsel.

Ich bin im Universum.

Ich bin riesengroß. Die Erde - zu meinen Füßen liegend - ist winzig klein.

Nur hier im Weltall ist es mir möglich, in meiner vollständigen Größe zu existieren.

Mein kleines Ich besucht mich an unserem Seerosenteich. Sie hat ihr Krafttier, den Kodiak dabei. Hier darf sie Kind sein; hier ist sie sicher; ich beschütze uns.

Meine Krafttiere aus dem „Jetzt" tauchen nicht auf, wenn der Kodiak anwesend ist (Ausnahme Sobek, s. Musiktherapie v. 11.10.2016).

In der Ferne sehe ich auf der Blumenwiese meinen Mann und unsere Tochter auf uns zukommen. Sie sind so schön!

Mein kleines Ich ist auffallend still.

Als ich sie mir näher betrachte, sehe ich die Wunden unseres misshandelten Körpers. Sie hat bestimmt Schmerzen. Ich kann ihr helfen. Behutsam trage ich mein kleines Ich zum Seerosenteich.

Dort tauche ich mit ihr in das Wasser.

Und alles heilt...

Die typischen Erschöpfungssymptome nach dieser Musiktherapie zeichnen sich bei mir ab. Wenn ich nach einer Musiktherapie in den Spiegel blicke, sehe ich die Anstrengung, die mich die Reise kostete, deutlich ins Gesicht geschrieben.

Mein Körper spricht weiter Bände. Ich habe zum Teil Symptome einer beginnenden Grippe. Glücklicherweise normalisiert sich alles nach wenigen Stunden. Die Verwirrung bleibt etwas länger.

Das gedankliche Ordnen, das Aufschreiben anhand der vorangegangenen Skizzen, das Recherchieren (bedingt, denn ich kann und will das Internet kaum nutzen).

All das kostet unendlich Kraft und ist nun mal der Schlüssel...Für mich.

Meine Analysen schriftlich darzulegen strengen mich an. Als gäbe es keine Worte für meine Gedankengänge. Als wüsste ich, dass mich sowieso niemand versteht, wenn ich versuche mich mit Buchstaben auszudrücken.

In meiner Welt brauche ich keine Schreibform. Als Kind, als Heranwachsende und auch später als Erwachsene kam kein Wort

über meine Lippen. Nicht über das „Gesche-
hene", denn so definiere ich meine Figur
der „Stummfilmdiva". Wahrscheinlich ge-
bärdete ich mich tatsächlich nach außen
„theatralisch", denn oft bekam ich zu hören
eingebildet zu sein, was ich wahrlich nicht
wahr oder bin!

In meiner damaligen und auch zum Teil
heutigen Sichtweise hätte ich mir sehr gewünscht, dass meine Mitmenschen „zwischen den Zeilen" lesen würden, dass es
Untertitel für mein Leben gäbe.

Das Universum - Immer wieder - von dort,
bzw. von verschiedenen Glaubensrichtun-
gen, erhielt ich wertvolle Informationen.

Die ersten Parallelen stellte ich durch eine
Dokumentation fest, die mein Mann im
Fernsehen sah und für mich aufgenommen
hatte. Noch bevor mein Klinikaufenthalt
beendet war, habe ich mir diese und weitere Aufnahmen angesehen. Sie waren
überaus spannend.

Es ging um Dinge, von denen ich nie zuvor gehört hatte, wie etwa dem Äskulapstab (auch wenn man mir das nicht glauben möchte, da es durchaus dem Allgemeinwissen zuzuordnen ist). Ohne nun wissenschaftlich alles wiederzugeben (was ich ohnehin nicht könnte), verfolgte ich die Vergleiche zur menschlichen DNA.

Ich lauschte den Berichten bezüglich des Thalamus (der mir sehr wohl etwas sagte!) und erfuhr, dass das Wort im griechischen „Schlafgemach" bedeutet.

Im Hinduismus spricht man auch von dem „Dritten Auge", dem „Tor zum Bewusstsein".

Und ich hörte das 1. Mal davon, dass das „OM" aus der Meditation eine Wellenlänge im spirituellen Sinn von 7,23 cm hat.

Das „OM" bezeichnet man ferner als

„DEN KLANG DES UNIVERSUMS".

Und dann erfuhr ich vom „Weltenei".

Eine Theorie aus der Prä-Astronautik bzw. Paläo-Seti.

Diese beinhaltet u.a. die wissenschaftliche Darlegung der Besiedelung unseres Planeten durch Eier. Was wiederum auch im Hinduismus nachzulesen ist (dass ein gigantisches „Schlangenwesen" auf ihrem Weg durch das Weltall ebensolche auf der Erde ablegte).

Was soll ich sagen? Nachzulesen unter meinen Erlebnissen während der Musiktherapie vom 15.12.2015 habe ich genau dies „gesehen".

All das - ein Zufall?

Dinge, die jenseits menschlicher Erfahrungen und unserer Wahrnehmung liegen bezeichnet man als „metaphysisch".

Habe ich das „Dritte Auge?"

Bin ich „metaphysisch?"

Es ist so viel an Information, an Erlebtem, an Erkenntnissen. Es überfordert mich.

Was will ich zulassen? Was ertrage ich, zuzulassen?

Einzelhypnose, 21.10.2016

Auch diese Hypnose habe ich mir ausdrücklich gewünscht. Ein Versuch, meiner Geruchsüberempfindlichkeit, an der ich verstärkt seit meiner Krebserkrankung leide, Herr zu werden. Diese „Nebenwirkung" erschwert mir u.a. auch soziale Kontakte. Die Aussage „jemanden nicht riechen zu können" hat eine primäre Bedeutung für mich, denn ich rieche nicht nur den Menschen, sondern auch alles andere. Das Waschmittel, das Parfum...

Es geht nicht darum, den Geruch wahrzunehmen und als unangenehm einzustufen. Es geht darum, dass mir wirklich schlecht wird. Bis zum Erbrechen. Das belastet meinen Alltag sehr und führt zum Teil vermehrt zu Migräne-Anfällen.

Seit meinem 2. Klinikaufenthalt übe ich mich zwar in der „Kunst" der „paradoxen Induktion", aber das führt nicht immer zum Erfolg. Bei der „paradoxen Induktion" manipulieren wir quasi unser Gehirn. Wir gaukeln ihm etwas vor. Und das könnte beispielsweise so aussehen:

Vorliegende Beschwerde: Kopfschmerz.

Vorgehensweise der „paradoxen Induktion": „ Je stärker mein Kopfschmerz, desto fröhlicher bin ich!"

Wir suggerieren!!! Unglaublich?

Mitnichten!

Übungssache.

Und soweit bin ich leider (noch?) nicht!

THERAPEUT:

Stellen Sie sich eine Treppe vor, die Sie langsam nach Unten gehen.

ICH :

Ja, ich gehe eine Treppe nach unten und registriere, dass diese Treppe aus Stein besteht, mit schmalen Stufen, auf die kaum meine Füße passen.

THERAPEUT:

Sagen Sie mir Bescheid, wenn Sie unten angelangt sind.

ICH:

Ja, ich stehe jetzt unten, auf einem Kiesweg.

THERAPEUT:

Und nun gehen Sie zu Ihrem sicheren Ort. Dem Ort, an dem Sie sich wohlfühlen.

ICH:

Nur in Gedanken überlege ich, in welcher Richtung mein Seerosenteich liegt. Ich kenne diesen Kiesweg nicht. Der Ort muss zu mir kommen. Mein Seerosenteich taucht vor mir auf. Ja, ich bin da.

THERAPEUT:

Stellen Sie sich etwas Schönes vor. Wenn Sie möchten, können Sie einen Helfer zu sich rufen.

ICH :

Sobek ist da! Ich gehe in das Wasser, er erwartet mich.

THERAPEUT:

Fragen Sie Ihren Helfer, ob Sie dem Geruch ein Symbol zuordnen?

ICH:

Die Zahl 7 taucht auf. Ich weiß nicht warum.

THERAPEUT:

Gut. Die Zahl 7. Überlegen Sie, ob die Zahl 7 sich in irgendetwas verwandeln möchte. Etwas, das Sie mögen?

ICH:

Eine rote Rose. Die 7 verwandelt sich in eine rote Rose.

THERAPEUT:

Hat diese Rose vielleicht einen Namen?

ICH:

Ich bekam einmal eine spezielle rote Rose geschenkt. Eine neue Züchtung. Ohne Dornen. Sie heißt glaube ich „Kong". Wie „King Kong", weil sie so eine große Blüte hat. Sie füllt beide Handflächen aus.

Sobek trägt sie im Maul.

THERAPEUT:

Sehr gut. Nun stellen Sie sich vor, wie Sie Ihre Farbe Atmen. In Verbindung mit dieser Rose!

ICH:

Ich atme meine Farbe. Die Rose färbt sich um, sie vermischt sich mit der Farbe die ich atme. Die Farbe, die ich atme ist natürlich rosa. Sie war es bereits zu Anfang und ist es bisher geblieben.

THERAPEUT:

Ist das okay für Sie?

ICH:

Ja, das ist schön! Aus rot wird ein sattes rosa. Mir fällt kein anderer Name für diesen neuen Farbton ein.

Atalanta taucht auf.

Sie bringt mir mein Licht.

Das Licht ist nun auch rosa.

Ich brauche gar nicht mehr so viel Farbe atmen. Das Licht in mir verströmt den angenehmen Geruch meiner Rose.

THERAPEUT:

Ist das das Bild, welches Sie festhalten möchten?

ICH:

Ja, dieses Bild!

Der Therapeut setzt meinen „Ankerpunkt". Diesen Ankerpunkt wählte ich vorab selbst: Ein Punkt der linken Hand zwischen Daumen und Zeigefinger, welchen ich bei Bedarf nun mit dem Daumen und Zeigefinger der rechten Hand drücke.

Ich habe plötzlich Appetit auf Pralinen...

Langsam, kalendarisch nachvollziehbar, nähert sich mein zweiter Klinikaufenthalt dem Ende. Unausgesprochen breitet sich in mir ein Gefühl der Panik aus.

Wird es diesmal reichen?

Werde ich genügend Kraft mit mir mitnehmen können um auch im Alltag zu bestehen? Nichts und niemand kann mir darauf eine Antwort geben.

Wie soll es also weitergehen?

Viele interessante Begegnungen durfte ich erleben. Viele Eindrücke prasselten auf mich ein und die Erkenntnisse, die mich trafen, waren beeindruckend, aber auch einschüchternd.

Wie viel soll ein Mensch auf Erden in seinem Jetztzustand verinnerlichen? Sollen wir zu unseren Erdlebzeiten schon alles Wissen? Können wir damit umgehen? Kann ich mit meinem Erlebten umgehen? Mit wem rede ich, wenn ich glaube mit niemandem reden zu können? Was hat mir dann all die Erkenntnis genutzt? All das Wissen, an dem ich teilhaben durfte!

Wieder werde ich ein Außenseiter sein!

Dieser Gedanke schürt neue/alte Ängste...

Obgleich bitte ich meinen Therapeuten, mich „so richtig zu Fordern", eine Ahnung wie das aussehen soll, der Therapeut wird wissen was ich damit meine, wird mir gesagt, dass ich zu den sehr fleißigen und fähigen Patienten der Klinik gehöre. Zu den mit Abstand arbeitsintensivsten. Das sollte doch beinhalten, dass ich auch einen intensiven Arbeitszyklus mit den Therapeuten erwarten darf.

Demnach wünsche ich mir infolgedessen eine „intensive" Einzeltrance. Wie die aussehen soll überlasse ich meinen Therapeuten. Dazu sind sie schließlich da. Meinen Teil erfülle ich, mehr zu Genüge. Vieles erarbeite ich meiner Meinung nach selbstständig. Oder ich bin wirklich so gut therapierbar, dass ich es kann, dieses eigenständige Erarbeiten.

Ich weiß lediglich, dass ich mich mit meiner „Seelenzerlegung" wahrhaftig intensiv beschäftige. Na ja, ganz so hergeholt ist meine Aussage letztlich nicht. Mein Therapeut erklärte mir sehr wohl, dass jeder sozusagen sein eigener Therapeut wäre und der

Therapeut ausschließlich das Werkzeug dazu „liefert". Doch in der Theorie und Praxis scheiden sich bekanntlich die Geister. Ohne prahlerisch zu wirken, gelang es mir offensichtlich jedoch sehr, diesen Grundsatz zu beherzigen.

Einzeltrance, 27.10.2016
„Familienalbum"

Als Prinzessin schwebe ich sogleich,

die Stufen hinab in mein Märchenreich.

Mein treues Geleit trägt mich hinfort.

An meinen schönen, sicheren Ort.

Ein weiteres Schloss, ist einem weiteren Raum. Ich erschaffe ihn mir, in meinem Traum.

Bücher, soweit das Auge reicht.

Und keines, das dem anderen gleicht.

Auf einem Tischlein unter einem Glas,

liegt ein besonderes, das ich fast vergaß.

Ich schlage es auf und blicke hinein. Ich kann nicht verhindern, dass ich nun wein.

Ein Bild meiner Mutter, voll Kummer, voll Gram. Sie so zu betrachten, erfüllt mich mit Scham!

Wie konnte geschehen, was mit ihr geschah? Dass ich sie niemals glücklich sah?

Meine Gedanken, sie erschaffen sie neu.

Damit ich mich über Ihren Anblick freu.

Auch sie soll eine Prinzessin werden!

In meiner Phantasie, nicht hier auf Erden!

Und in ihren Arm lege ich ihr mein Kind,

auf das wir alle vereinigt sind.

Das wollte ich?

Seit dieser Einzeltrance leide ich unter Übelkeit, Unterleibsschmerzen und Albträumen. Eine innere Unruhe hat sich in mir ausgebreitet. Es sind nur noch wenige Tage bis zu meiner Entlassung und das habe ich mir also „angetan". Eine Trance, die mich scheinbar zurückwirft??? Dass es mir nicht gut geht ist offensichtlich. Ich spüre, dass es mir nicht gut geht und ich weiß nicht, ob es nur an dieser „Trance" liegt? Wurden alte Wunden aufgerissen, wurden alte Wunden hervorgerufen, wurden Wunden, die ich verdrängte hervorgetan? Welche Wunden? Warum fühle ich mich so schlecht?

Und wieder ist da nicht wirklich jemand, mit dem ich sprechen kann. Bis zu meinem Einzeltermin vergehen Tage, aber ich habe jetzt Fragen...

Ich versuche also -wie so oft- mich selbst zu analysieren. Versuche, mich abzulenken und hoffe, Antworten in einer anderen Therapie zu finden...

Gruppenhypnose, 29.10.2016

Ich bin an meinem Seerosenteich.

Meine Mutter erscheint.

So, wie ich sie bei meiner Einzeltrance (s. „Familienalbum", 27.10.2016) sah/schuf: als Prinzessin.

Plötzlich werde ich neben ihr immer kleiner. Ich will nicht kleiner werden! Es fühlt sich an, als würde sie meinen Platz einnehmen wollen, mir meinen sicheren Ort wegnehmen wollen. Verzweifelt teile ich

ihr mit, dass ich doch schon alles für sie getan hätte...

Dass ich sie freigegeben habe...

Ihr vergeben habe...

Endlich beginne ich, wieder zu wachsen und meine Mutter löst sich auf...

Der „helle Raum".

Ich bin in meinem hellen Raum, inmitten des Universums. Dort, wo nichts und dennoch alles existiert.

Mein Körper wird durchsichtig. Meine Knochen, meine Organe, meine Arterien, alles wird durchsichtig.

Meine Knochen, meine Organe, meine Arterien, alles wird für mich sichtbar.

Grüne und rote Pünktchen schwirren durch meinen Körper. Die roten Pünktchen stehen für Stellen, an denen etwas nicht ganz in Ordnung ist.

Es ist mir nicht möglich, daraus etwas zu analysieren. Dann formieren sich alle Punkte zu einer Kugel und zentrieren sich in der Mitte meines Unterleibes.

Eine Winterlandschaft ist entstanden.

Es ist friedlich und schön.

Vor mir erhebt sich ein Felsen und ich erblicke zwei durchdringende gelbe Augen, die mich fixieren...

Es ist ein Wolf!

Er dreht sich langsam um und will gehen.

Du darfst nicht gehen, rufe ich im Geiste...

Dann gib mir einen Namen!

Ich höre in meinem Kopf, in meinem Geist, dass ich diesem wunderschönen Tier einen Namen geben soll. Ich weiß, dass der Name mit einem „T" beginnt.

Ich bin verzweifelt, denn der Wolf - mein Wolf- dreht ab, um seines Weges zu gehen...

Tikaani, du heißt Tikaani!

Der Wolf kehrt um.

An meine Seite.

Er wusste, dass ich seinen Namen wusste. Das ist alles.

Ein Haus, ein altes Haus. Das Bild ist schwarz/weiß.

Jemand aus meiner Familie mütterlicherseits war an diesem Ort.

Schmerzhafte Erinnerungen gehen von hier aus. Innen stehe ich vor einer Kommode und öffne eine Schublade.

Meine Arme zucken....

Das Bild löst sich auf....

„Tikaani"

Woher wusste ich diesen Namen?

Ich wusste ihn; warum und woher auch immer. Und weil ich ihn so sicher wusste, habe ich nachgelesen...

„Wolf" – Mächtiges Schamanentier

Wenn er erscheint und man seinem Ruf folgt, zeigt er, wie man sich den Umständen anpasst und gleichzeitig seine Vision leben kann.

Er warnt zudem rechtzeitig davor, sein Denken und Handeln nicht zu sehr einzuschränken. „Wolf-Menschen" gelten als intuitiv, vertrauensvoll, sensibel und ausgesprochen anpassungsfähige, obgleich besonderen Führungsqualitäten fähig. Der Wolf bewirkt, dass man sich seiner seelisch-geistigen Kraft bewusst wird.

(Nachgelesen am 30.10.2016)

Es sind Reisen in die Familie mütterlicherseits. Sie erschienen mir so unwichtig; so peripher. Warum eigentlich? Unbewusst, weil ich meiner Mutter mehr Schuld an meinem „Zustand" beigemessen hatte? Und doch bildet schließlich auch diese Abstammung einen wichtigen Teil meiner jetzigen Existenz. Wir sind verbunden. Ich bin „hälftig".

Ob ich es will oder nicht...

Und auch meine Tochter entstammt diesen Genen.

Ob ich es will oder nicht, es ist wie es ist und ich kann nichts dagegen tun.

Außer zuzulassen.

Und darum geht es schließlich.

Loslassen um zuzulassen...

Also wünsche ich mir erneut eine Einzeltrance. Ich möchte an „Das Familienalbum" vom 27.10.2016, anknüpfen.

Nichts kann mir schaden.

Alles kann mir weiterhelfen.

Ich habe trotzdem Angst!!!

Einzeltrance, 03.11.2016

„Vergangenheit"

Durch Feuer und Wasser, gewendelte Stufen. Ich höre meine Ahnen rufen.

Das Kellerverlies, dunkel und klein.

Soll hier meine Antwort sein?

Eine einstürzende Wand, fast dagegen gerannt, stehe ich nun auf meinem Land.

Dort, mein Baum, ich betrachte ihn mir.

Aber es ist noch etwas anderes hier.

Ein Fernsehgerät, mit meinem Programm.

Mein eigener Film, den sehe ich mir an.

Meine Geburt, meine Mutter, doch ich muss weiter gehen. Ich weiß, ich will meine Oma sehen!

Das Haus taucht auf, da ist sie als Kind.

Von all ihren Geschwistern umringt!

Die Briefe! Es waren ihre, die sie einst schrieb. Alles, was von ihrer ersten Liebe blieb.

Doch das war viel später, noch Jahre vergehen. Vielleicht kann ich sie irgendwann wiedersehen.

Der Schmerz, den ich spürte, hier in diesem Gemäuer. Vom Tod er her rührte,

wahrlich nicht geheuer.

Der Vater, das Oberhaupt. Ihm folgte der Bube. Unnatürliche Stille kehrte ein in der Stube.

Im Schaukelstuhl wiegend, wer ist dieses Weib? Kurzzeitig stecke ich in ihrem Leib.

Die Mutter des Vaters, meine Großmama. Still und leise, indes war sie immer da.

Ihren Urururenkel will sie sehen, dann lässt sie uns in Frieden gehen.

Zu einer Tür, durch die ich nicht passe. Bin mir nicht sicher, ob ich meine Tochter durchlasse.

Kämpfe mit der Entscheidung, aber lasse sie gehen. Was wird sie auf der anderen Seite sehen?

Mein kleines Mädchen, landet in meiner Welt. Am Seerosenteich.

Alles ist erhellt.

Die meisten Bilder während einer Trance entstehen völlig selbständig. Andere jedoch werden quasi impliziert. Ich höre das, was der Therapeut sagt und das dazugehörige Bild taucht auf.

So wie beispielsweise das Fernsehgerät. In meiner Vorstellung war es ein ziemlich altes Modell, mit Zimmerantenne und natürlich ohne Fernbedienung.

Das erste Mal tauchte für mich eine Wendeltreppe auf und warum ich zunächst in einem Keller landete, weiß ich nicht.

Handgeschriebene Briefe. Das war es, was in der Kommode lag (Familienalbum, 27.10.2016). Die Briefe! Zweifellos die meiner Oma. Und ich kann sie nicht lesen. Die Schrift ist Sütterlin. Eine Schriftform, die 1911 im Auftrag des preußischen Kultur- und Schulministeriums entwickelt wurde. Ab 1915 war sie in Preußen eingeführt. Dies entspricht so ziemlich dem Einschulungszeitraum meiner Großmutter, die aus Preußen stammte. Ob ihr Vater und ihr Bruder tatsächlich kurz aufeinander einer Krankheit erlagen ist mir nicht bekannt. Vielleicht werde ich diesbezüglich einmal Ahnenforschung anstreben.

Die Begegnung mit meiner Ururgroßmutter fand ich etwas unheimlich. Nichts desto weniger fühlte ich mich nach dieser Sitzung sehr gut.

Neun Tage bis zu meiner Entlassung.

Spürbar an Körper und Geist, dass ich nicht mehr aufnahmefähig bin.

All meine Reisen strengten an.

Alles zu verarbeiten strengte an.

Es ist Zeit auszuruhen.

Und wenn ich wieder Kraft getankt habe, widme ich mich der „Akasha-Chronik", ebenfalls ein Hinweis, der sich zu meinen Erlebnissen fügte, etwas, von dem ich nun weiß, dass sich in allen meinen Reisen meine persönliche Erkenntnis widerspiegelt...

Einen Tag vor meiner Entlassung durfte ich ein weiteres Krafttier aufnehmen. Es erschien mir während der Atemtherapie und trägt den Namen „Agora". Es ist ein Kolibri und hat in der indianischen Kultur folgende Bedeutung:

Bote der Liebe, Seele und Hoffnung. Er gibt dir seine Medizin.

Der Kolibri erinnert dich an die Kraft deiner Ahnen und an all die Gaben und Talente, die durch deine Ahnenreihe in dein Leben fließen kann.

Es gilt, sich wieder auf das Gute zu besinnen und das Negative zurück zu lassen. Mit Flexibilität, Leichtigkeit und unkonventionellen Wegen durchs Leben zu gehen ist die Aufgabe des Kolibris an dich.

Versuche dir immer vor Augen zu halten, dass der kleine Kolibri geradezu Unmögliches vollbringt. Er möchte dich einladen, über die selbstgesteckten Grenzen und Muster aus der Vergangenheit zu stehen und dich darüber zu erheben.

Es heißt, dass er dir dabei hilft Wünsche zu erfüllen.

„Akasha-Chronik"

Weltengedächtnis – in den der Geistesforscher die Ereignisse der fernsten Vergangenheit lesen vermag und zwar nicht so, wie sie sich unmittelbar äußerlich zugetragen haben, sondern von der Seite des inneren, seelischen Erlebens her.

Dem Menschen sind die Wege offen zur Wahrnehmung des Ewigen.

Er kann die in ihm schlummernden Kräfte so ausbilden, dass er dieses Ewige zu erkennen vermag...

Jede Seele geht einen individuellen Weg der Bewusstseinserweiterung.

Sie reist zum Teil durch viele Leben und sammelt unendlich viele Erfahrungen, um ihr Bewusstsein immer wieder erweitern zu können. Diese Erfahrungen werden in der Akasha-Chronik gespeichert.

Jede Erfahrung verleiht uns mehr Bewusstsein und führt uns einen Schritt näher zu unserem göttlichen Selbst, zu unserem Ursprung.

Die Seele reist so lange, bis sie erkennt, dass sie Licht & Liebe ist. Erst dann wird sie ihr volles Potenzial ausschöpfen und aufsteigen können.

Akasha ist damit das bleibende Gedächtnis des Kosmos.

Anm.: Tief in mir fühle ich mich schon sehr „ursprünglich".

Knapp 8 Wochen. Sie sind zu Ende und meine Abschlussrede ist vorbereitet.

Im Laufe der nächsten Tage/Wochen wird sich zeigen, wie ich alles verarbeitet habe.

Was hat sich für mich verändert?

Wie kann ich mit dieser Veränderung umgehen?

Ich weiß es nicht.

Die Zeit wird es zeigen.

Guten Morgen,

ich heiße N. und wurde am 19. November 1965 in Hamburg geboren.

Das Erkennen und Annehmen meines Selbst begann erst 50 Jahre später – im November 2015 - hier, bei meinem ersten Aufenthalt.

Nun habe ich eine weitere Reise angetreten, meine persönliche Seelenreise.

Jedem Menschen sind die Wege offen zur Wahrnehmung des Ewigen.

Und dieser Weg kann nur beschritten werden, wenn man selbst der Weg ist.

Durch meine intensive Zusammenarbeit mit den Therapeuten habe ich begonnen, aus der größten Bibliothek des Universums zu lernen, von der jeder von uns ein Fragment ist.

Epilog

„Jede Medaille hat zwei Seiten"

So schließe ich -vorerst- mein persönliches Kapitel, beide Klinikaufenthalte betreffend.

Zweifellos gelang mir ein großer Schritt.
Zweifellos hatte er seinen Preis.

Die „positive" Seite meiner Medaille trage ich wie einen Orden:

Hart erkämpft und wohlverdient.

Die „negative" Seite spiegelt für mich Unwahrheiten und Ungerechtigkeit wider - in der Erkenntnis, dass auch an Orten, an denen Betroffene Schutz und Hilfe suchen, nicht alles so scheint wie erhofft und sehr

vieles, was mir neben meiner Trauma-Bearbeitung schwer zusetzte, durchaus hätte vermieden werden können. Hinterlist,

Täuschung, Ausnutzung und schlimmeres können zu dramatischen Fehleinschätzungen führen.

Manch einer „gewinnt" durch hohe Schauspielkunst. Ein anderer „verliert" durch schamlose Denunzierung. Meine endgültigen Worte sollen jedoch nicht der Richtigstellung diverser Diffamierungen gewidmet sein. Meine endgültigen Worte behalte ich mir den Menschen vor, die aufrichtig mit dem Herzen und nicht mit den Augen sind.

(Zitat: A. de Saint-Exupéry) bzw. Ohren (Zitat ergänzt: M.N. Awaro) sehen!

Welche Hoffnung trägt man in sich, wenn mehr als die Hälfte der zu erwartenden Lebenszeit schon verstrichen ist?

Wenn der Gedanke, seines Lebens beraubt worden zu sein, übermächtig ist?

Weinen wir nicht alle um die verlorene Zeit, in der wir nicht zuließen zu leben?

Unsere Herzen fest verschlossen – aus Angst, aus Scham.

Aber die größte Hoffnung –

Wir tragen sie in uns!

Die Autorin dieses Buches lebt derzeit in Rheinland-Pfalz und versucht, sich weitmöglich ihren Freiraum jenseits der digitalen Welt zu erhalten.

Nach einer erfolgreichen Ausbildung zum „Akasha-Chronik-Medium" sind weitere, wegweisende Vorhaben geplant.

Zeitfracht Medien GmbH
Ferdinand-Jühlke-Straße 7
99095 Erfurt, Deutschland
produktsicherheit@kolibri360.de